東北大学大学入試研究シリーズ

再考　大学入試改革の論理

金子書房

「東北大学大学入試研究シリーズ」の刊行に当たって

　わが国において，大学入試というテーマは，誰しもが一家言を持って語ることができる身近な話題である反面，一部の例外を除き，研究者が専門的に研究すべきテーマとはみなされていませんでした。圧倒的多数の人にとって試験や入試は思い出したくない嫌な記憶でしょうから，必然的に大学入試は「好ましくないもの」という位置付けで語られ続けることになります。一方，時代によって機能の大きさや役割が変化するとはいえ，大学入試は多くの人の将来を定めるものであり，社会の未来を担う若者を育てる教育の一環として社会的に重要な位置を占める制度です。

　1999年（平成11年）4月，東北大学アドミッションセンターは国立大学で初めてAO入試を実施する専門部署の一つとして発足しました。それは同時に，大学に設けられた初の大学入学者選抜（大学入試）研究の専門部署の誕生でした。東北大学アドミッションセンターの設立から20年が経過し，各大学に教員を配置して入試を専管する部署が普及してきました。個々の大学を見れば，その位置付けや期待されている機能は様々ですが，大学入試が単なる大学事務の一部ではなく，専門性を持った分野として捉えられつつあることは喜ばしい環境の変化と感じています。この度，令和元〜令和4年度（2019〜2022年度）日本学術振興会科学研究費補助金挑戦的研究（開拓）「『大学入試学』基盤形成への挑戦——真正な評価と実施可能性の両立に向けて——」（課題番号19H05491）の助成を受けたことをきっかけに，10年以上に渡って温めてきた学問としての「大学入試学（Admission Studies）」の創設に向けて，具体的な歩みを始める時が来たと感じました。その証として，これまで刊行された文献に書下ろしの論考を加え，「東北大学大学入試研究シリーズ」を創刊することとしました。大きく変動する社会の中で，実務の最前線で行うべきことは何かを識るとともに，「百年の大計」の下で教育における不易（変えるべきではないもの）と流行（変えるべきもの）を見据える一つの参照軸を創生することを目指します。

2020年1月　シリーズ監修　倉元直樹

序　章

大学入試改革の新たな地平を目指して

久保　沙織

　本書は「東北大学大学入試研究シリーズ」の第8巻という位置付けであり，令和4年（2022年）5月18日（水）に開催された「第36回東北大学高等教育フォーラム　新時代の大学教育を考える［19］　大学入試政策を問う——教育行政と教育現場の『対話』——」を基に構想されたものである。本シリーズの第3巻『変革期の大学入試』，第5巻『大学入試を設計する』，第6巻『コロナ禍に挑む大学入試（1）——緊急対応編——』に続き，東北大学高等教育フォーラムの基調講演及び現状報告の登壇者により書き下ろされた原稿と討議の模様が収められている。そこにフォーラムへの招待参加者[1]からご寄稿いただいた，テーマに関連した論考を加えて構成された。

　本書は，3部構成となっている。第1部は招待参加者3名による論考から成り，高大接続改革の旗印の下に推し進められてきた大学入試改革の課題に，それぞれの専門的立場から独自の切り口で迫っている。高大接続改革は本来，高等学校教育，大学教育，大学入学者選抜を三位一体とした改革である（中央教育審議会，2014）。しかしながら，倉元（2020）が指摘するように，その議論は大学入試改革に集中してきた。当初より大学入試改革の目玉とされてきた3本の柱，すなわち，「英語民間試験の利用」，「大学入学共通テストへの記述式問題導入」，「JAPAN e-Portfolio」のすべてが頓挫したことは，周知の通りであろう。第1章では，立石慎治氏が，3本柱の1つであったものの運営許可取り消しに至った JAPAN e-Portfolio と，キャリア・パスポートとの異同をめぐり，どのような議論がなされてきたかについて，当時の

1　東北大学高等教育フォーラムでは例年，東北6県の高校教員と，テーマに造詣の深い大学教員等を「招待参加者」として招聘している。高校教員には「講評」をフォーラムの報告書に，大学教員にはテーマに関連した論考を書籍に，それぞれ寄稿していただいている。

「『キャリア・パスポート』導入に向けた調査研究協力者会議」の議事録等を参照しながら紐解いている。

　第2章は，大学入試改革における最も大きな変革である大学入学共通テストを題材とした，村上隆氏による論考である。大学入試センター試験に代わり，令和3年度（2021年度）入試より大学入学共通テストが実施されている。その二度目の実施となった令和4年度（2022年度）の「数学Ⅰ・数学A」の問題を，村上氏が自ら解いてみるという実体験を基に，テスト理論の専門的見地から，大学入学共通テストの問題点を鋭く指摘している。

　そして第3章は，大学入試改革の当事者となった大学生たちと，高大接続システム改革会議の委員も経験された南風原朝和氏との「対話」の実録である。「対話」の内容は，大学入試政策における意思決定の現実，思考力や英語能力の評価という測定論的テーマ，大学入学共通テストの自己採点方式に関する実務的な問題から，格差や公平性といった社会課題に至るまで広範にわたる。東京大学の学生ならではの意見や考え方も垣間見られ，興味深い内容となっている。

　第2部は，先述した第36回東北大学高等教育フォーラムの基調講演と現状報告，討議の内容に，招待参加者による論考を加えて構成されている。第36回東北大学高等教育フォーラムの企画意図の詳細は終章に譲るが，その副題の通り，行政，大学，高校，それぞれの視座から大学入試政策がどのように捉えられているのか率直に語られ，論壇は活発な「対話」の場となった。基調講演者の1人であった浅田和伸氏（国立教育政策研究所所長［当時］，現在は長崎県立大学学長）からの寄稿は叶わなかったが，フォーラムの報告書（東北大学高度教養教育・学生支援機構・国立大学アドミッションセンター連絡会議，2022），あるいは当日の模様を収録した動画で，その講演内容を確認していただければ幸いである[2]。

　第4章は大学の現場から，第5章と第6章は，地方の公立中高一貫校の教諭と，全国高等学校長協会会長の経歴を持つ都立高校校長というそれぞれ異なる高校の現場からの論考である。パネルディスカッションの様子を忠実に

---

[2] 　フォーラムの内容は，報告書（東北大学高度教養教育・学生支援機構・国立大学アドミッションセンター連絡会議，2022）及び動画（https://youtu.be/25bz5wTzOMo）として公開されている。

再現した第7章「討議——パネルディスカッション——」からは，フォーラムの雰囲気が伝わってくる。本書に通底するエッセンスを手短に理解したいという読者には，まずは終章に目を通し，その後第7章に読み進めていただくことをお勧めしたい。

　第2部の最後となる第8章には，招待参加者の板倉孝信氏による論考を収録した。本章では，東京都立大学と東京都教育委員会との高大連携事業が紹介されている。事業成功の背景には，行政，大学，高校の三者間で綿密に重ねられた「対話」があることがうかがえる。

　フォーラムの討議においては，これまでの教育政策や大学入試改革を振り返るのみならず，平成30年（2018年）に告示され令和4年度（2022年度）から学年進行で実施されている新しい高等学校学習指導要領の下での令和7年度（2025年度）入試についても議論された。第3部では，令和7年度（2025年度）入試に関する議論の中核を成すであろう，教科「情報」について取り上げた。令和7年度（2025年度）大学入学者選抜に係る大学入学共通テストより，『情報Ⅰ』を出題科目とする教科「情報」が新設されることとなり，国立大学協会はその「基本方針」の中で，「原則としてこれまでの『5教科7科目』に『情報』を加えた6教科8科目を課す」と発表している（国立大学協会, 2022）。

　第9章は，高校教員を対象に東北大学入試センターが令和3年（2021年）9月〜12月に実施した調査の結果報告である。上述の国立大学協会の方針に対しては過半数が反対であり，東北大学の一般選抜及びAO入試Ⅲ期においては「情報」を重視すべきでないという意見が多かったことが明らかとなった。それらの理由として，過重負担，情報を指導する教員の不足，地域間格差等のほか，『情報Ⅰ』の内容は試験に適さない，といった意見が挙げられていた。なお，本書では原則として各章の著者による注釈を脚注として本文のページ内に記載しているが，再録の第9章では，著者による原典の注釈を文末脚注とし，編者による注釈を脚注に記した点に留意されたい。

　第10章では，招待参加者の稲葉利江子氏が，高校における情報教育の変遷と，教科「情報」が大学入試で課されることとなった経緯等について詳述している。この中で，各自治体が定めた改善計画が予定通りに実現すれば，「免許外」，「臨時免許状」の教員の合計は令和6年度（2024年度）には0人

になる見通しであることが示されている（文部科学省初等中等教育局学校デジタル化PT, 2022）。

　計画通りその目標が令和6年度（2024年度）までに達成できるか否かという議論は別として，教員不足や地域間格差といった問題は，確かに，時間をかけることでいずれは解消される問題と言える。一方で，第9章で示された「『情報Ⅰ』の内容は試験に適さない」という指摘は，一朝一夕で解決できる問題ではなく，むしろ「情報」という教科の特性に起因する根本的な問題であるように思う。令和5年（2023年）3月4日に開催された日本テスト学会第16回学会賞記念講演会のシンポジウムにおいて，筑波大学附属高等学校の「情報」担当教員である速水高志氏が「教科『情報』は教科『芸術』に似ている」と述べたことが大変印象的であった。この一言が，教科「情報」の本質的特性を物語っている。

　本書を通読することで，高大接続改革の下での大学入試改革の来し方行く末を考える上での論点を整理することができるであろう。同時に，大学入試政策を策定する行政と，その実行部隊である大学，そして高校の現場の間には，それぞれ相容れない理念や実情があり，時にコンフリクトが生じるという状況が浮き彫りとなる。奇しくも，第5章で延沢氏が，日本は「対立を超えるマインドを持つ子どもたちを育てる国なんだ」（p.95）と述べている。ところが，その子どもたちの教育に関わる大人たちにこそ，対立や矛盾を超えたアウフヘーベン（Aufheben）が求められている。本書では，相互理解のための「対話」の重要性，必要性が強調されているが，「対話」の先に目指すべき，大学入試改革の新たなる地平はどこにあるのだろうか。大学入試改革，ひいては教育政策は誰のために実施されるものなのか，それは大学入学者選抜に臨む高校生，受験生，さらには教育を享受するすべての子どもたちのためにある，という基本を忘れてはならない。

　本書の出版にあたって，金子書房の井上誠氏に大変お世話になりました。第36回東北大学高等教育フォーラムにも参加していただき，また，編者の力不足により進行管理が徹底できなかった中でも，出版に至るまでご尽力いただきました。この場を借りてお礼申し上げます。

文　献

中央教育審議会（2014）．新しい時代にふさわしい高大接続の実現に向けた高等学校教育，大学教育，大学入学者選抜の一体的改革について──すべての若者が夢や目標を芽吹かせ，未来に花開かせるために──　平成26年12月22日　文部科学省　Retrieved from https://www.mext.go.jp/b_menu/shingi/chukyo/chukyo0/toushin/__icsFiles/afieldfile/2015/01/14/1354191.pdf（2023年 3 月28日）

国立大学協会（2022）．2024年度以降の国立大学の入学者選抜制度──国立大学協会の基本方針──　令和 4 年 1 月28日　国立大学協会 Retrieved from https://www.janu.jp/wp/wp-content/uploads/2022/01/20210128_news_001.pdf（2023年 3 月28日）

倉元　直樹（2020）．はじめに　倉元　直樹（編）大学入試センター試験から大学入学共通テストへ（pp. i–iv）金子書房

文部科学省初等中等教育局学校デジタル PT（2022）．高等学校情報科担当教員の配置状況及び指導体制の充実に向けて　文部科学省 Retrieved from https://www.mext.go.jp/content/20221108-mxt_jogai02-100013301_001.pdf（2023年 3 月28日）

東北大学高度教養教育・学生支援機構・国立大学アドミッションセンター連絡会議（2022）．IEHE Report 86　第36回東北大学高等教育フォーラム報告書　新時代の大学教育を考える［19］大学入試政策を問う──教育行政と教育現場の「対話」──　東北大学高度教養教育・学生支援機構 Retrieved from http://www.ihe.tohoku.ac.jp/cahe/wp-content/uploads/2022/11/458cd6775aa1636de54da25bcd292a51.pdf（2022年 3 月28日）

目　次

第1部

高大接続改革の残り火

大学入試改革の論理の外で起きること
—— 「キャリア・パスポート」と「JAPAN e-Portfolio」 ——

立石　慎治

◆◇◆
第 1 節　はじめに

　大学入試改革の論理を議論する本書にあって，本稿は，大学入試改革の論理がその論理の「外側」と接点を持った出来事について同時代史的に記録することを目的とするものである。

　展開を見せる「大学入試学」（倉元編，2020）の外側にいて学ぶ機会をもらうだけの筆者には大学入試研究は力が及ばないため，むしろ大学入試そのものを扱うのではなく，その外部との接点を取り扱うことで，筆者に与えられた責めを幾ばくかでも果たすこととしたい。

　本稿が取り上げるのは，「キャリア・パスポート」と「JAPAN e-Portfolio」（以下，引用時を除いて JeP）である。それぞれについては研究や報道が積み重ねられているので概要に絞って後述するが，JeP について先取りして述べると，令和 2 年（2020年）8 月 7 日付でその運営許可が取り消され（文部科学省，2020a），本稿執筆時点で既に存在していない。では，なにゆえに本稿で取り上げるかといえば，所管する局課もその狙いも明確に異なっているものの，いずれもポートフォリオ実践で，表 1－1 に示すようにほぼ同じ時期に出てきたために，大学入試に関係しないはずの「キャリア・パスポート」と関連付けて語られる[1]ことが，あるいは，混同されることが起きたか

1　たとえば，両者を関連付けて述べた記事で本稿執筆現在でも行き当たるものでは次のように述べられている。「2017年度に厚生労働省（引用注：原文ママ）と文科省が協同で開始した『キャリア・パスポート（仮称）』という事業で，『児童生徒が自らの学習活動等の学びのプロセスを記述し振り返ることができるポートフォリオ的な教材』のことだ。2018年度の文科省予算でも，このキャリア・パスポートの普及定着に予算が確保されている。『JAPAN e-Portfolio』と『キャリア・パスポート』に共通する思想は，これまで十分に記述，記録してこなかったような学びや成長の記録を一貫して記録，蓄積し，それを大学入試や就職活動といった，次のステッ

表１−１．「キャリア・パスポート」及び JeP のタイムライン
（文部科学省，2017a〜d，2018a，2018b，2019a〜e，2020b，2020c，2022；
Between 情報サイト，2018より作成）

	「キャリア・パスポート」	JeP
2012	8月28日　「大学入学者選抜の改善をはじめとする高等学校教育と大学教育の円滑な接続と連携の強化のための方策について（諮問）」	
2014	11月20日　「初等中等教育における教育課程の基準等の在り方について（諮問）」	
	12月22日　「新しい時代にふさわしい高大接続の実現に向けた高等学校教育，大学教育，大学入学者選抜の一体的改革について（答申）」	
2015	8月　論点整理	
2016	8月　審議まとめ	4月　大学入学者選抜改革推進委託事業（主体性等分野）開始（〜2018年度）
	12月21日　「幼稚園，小学校，中学校，高等学校及び特別支援学校の学習指導要領等の改善及び必要な方策等について（答申）」	
2017	3月　小学校学習指導要領，中学校学習指導要領（平成29年告示）	10月　JeP ポータルサイトの運用開始
	「キャリア・パスポート（仮称）」普及・定着事業（〜18年度）	
2018	3月　高等学校学習指導要領（平成30年告示）	
	8月／10月　「キャリア・パスポート」導入に向けた調査研究協力者会議（第1回）（第2回）	
2019	**1月　「キャリア・パスポート」導入に向けた調査研究協力者会議（第3回）**	
	3月29日　「キャリア・パスポート」例示資料等について	3月　大学入学者選抜改革推進委託事業（主体性等分野）終了
		4月　教育情報管理機構への JeP の管理の引き継ぎ
2020	4月　小学校学習指導要領全面実施	
	4月　「『キャリア・パスポート』に関する Q&A について」	
		8月7日　運営許可取り消し
		9月10日　ウェブサイト閉鎖
2021	4月　中学校学習指導要領全面実施	
2022	3月　「『キャリア・パスポート』に関する Q&A について（令和4年3月改訂）」	
	4月　高等学校学習指導要領第1学年実施	

プへ踏み出すタイミングで生かそうということである」（福島，2018）。ブログ等に関しても，eポートフォリオ一般については教育トレンドブログ（2019a，2019b）などがウェブ検索から行き当たる。両者が異なる性質のものであると明確に断じたものについては，後述する「キャリア・パスポート」導入に向けた調査研究協力者会議の座長を務めた藤田（2019）などがある。「現時点で，大学入試出願用の『学びのデータ』を蓄積するeポートフォリオと，学習状況やキャリア形成の過程を自ら評価し，主体的に学びに向かう力や自己実現につなげるキャリア・パスポートは一線を画する」（藤田，2019）。

らである。本稿執筆時点の令和4年（2022年）においては，JeP の運営許可取り消しから2年を数え，平成30年（2018年）告示高等学校学習指導要領が第1学年から施行されている。もはや JeP の残像は相応に薄れ，これからも薄れていく一方と推測するが，だからこそ，敢えて記録に遺すこととし，今後にもつながる示唆を汲み出すことを試みたい。

◆◇◇
第2節 「キャリア・パスポート」と JeP

本稿で取り上げる「キャリア・パスポート」と JeP について，ごく簡単にではあるが，整理すると以下のとおりである。

「『キャリア・パスポート』とは，児童生徒が，小学校から高等学校までのキャリア教育に関わる諸活動について，特別活動の学級活動及びホームルーム活動を中心として，各教科等と往還し，自らの学習状況やキャリア形成を見通したり振り返ったりしながら，自身の変容や成長を自己評価できるよう工夫されたポートフォリオのこと」である（文部科学省，2019d）。代表して小学校を取り上げると，たとえば『小学校学習指導要領』では第6章特別活動の「第2 各活動・学校行事の目標及び内容」〔学級活動〕3 内容の取扱いの（2）において「2の（3）（筆者注：「一人一人のキャリア形成と自己実現」）の指導に当たっては，学校，家庭及び地域における学習や生活の見通しを立て，学んだことを振り返りながら，新たな学習や生活への意欲につなげたり，将来の生き方を考えたりする活動を行うこと。その際，児童が活動を記録し蓄積する教材等を活用すること」（文部科学省，2017a）としている。この「児童が活動を記録し蓄積する教材等」は「振り返って気付いたことや考えたことなどを，児童が記述して蓄積する，いわゆるポートフォリオ的な教材のようなもの」（文部科学省，2017b）が想定されており，このポートフォリオ的な教材が「キャリア・パスポート」である[2]。

「キャリア・パスポート」に取り組むのは，小学校，中学校及び高等学校

2 　中学校及び高等学校に関しても，『中学校学習指導要領』及び『中学校学習指導要領解説特別活動編』並びに『高等学校学習指導要領』及び『高等学校学習指導要領解説特別活動編』において小学校同様に位置付けられている（文部科学省，2017c，2017d，2018a，2018b）。

表1-2.「キャリア・パスポート」及びJePの諸属性
（文部科学省，2019d; Between 情報サイト，2018より作成）

	「キャリア・パスポート」	JeP
選抜資料	利用しない	利用する
対象	小学校，中学校，高等学校，特別支援学校等（原則すべての学校，児童生徒が実施）	高等学校，大学等（取組みへの参加は各校の判断）
媒体	主として紙	電子
含む情報	学校生活全体及び家庭，地域における学びを含む内容（教科学習，教科外活動，学校外の活動等のいずれも含む）	探究活動，生徒会・委員会，留学・海外経験，部活動，学校行事，学校以外の活動，表彰・懸賞，資格・検定（総合的な学習の時間，特別活動の一部以外の，教科学習が含まれない）
所管	初等中等教育局	高等教育局

のいずれでも特別活動の学級活動又はホームルーム活動に明確に位置付けられていることから，原則的にすべての小学校，中学校，高等学校，特別支援学校[3]の児童生徒ということになり，一部の者に限定されることはない。なお，定義上で「自己評価」とあったことにも留意を要する。『学習指導要領』上の「自己評価」は学習評価としては想定されておらず，『学習指導要領解説特別活動編』にあるように，学習活動として位置づけられている（文部科学省，2017b，2017d，2018b）。繰り返しになるが，「キャリア・パスポート」はどの学校種でも，原則すべての児童生徒が取り組む学習活動となっている。

「『キャリア・パスポート』の様式例と指導上の留意事項」（文部科学省，2019d）において媒体の指定はなされていないが，「シートはA4判（両面使用可）」とあることなどから，紙が想定されているものと推察される。蓄積する情報も，「学校生活全体及び家庭，地域における学びを含む内容」であり，教科学習，教科外活動，学校外の活動等のいずれも含むこととなっている。

他方で，JePは，「大学入学者選抜において，学力の3要素，とりわけ『主体性を持って多様な人々と協働して学ぶ態度』を評価するための一つの

3　ただし，特別支援学校及び特別支援学級については，「児童生徒の障害の状態や特性等により，児童生徒自らが活動を記録することが困難な場合などにおいては，『キャリア・パスポート』の目的に迫る観点から，児童生徒の障害の状態や特性及び心身の発達の段階等に応じた取組や適切な内容を個別の教育支援計画や個別の指導計画に記載することをもって『キャリア・パスポート』の活用に代えることも可能」とされている。

ツールとして，文部科学省が大学入学者選抜改革推進委託事業（主体性等分野）（実施期間：平成28年度～30年度）における調査・研究により，開発されたもの」である（文部科学省，2020c）。その説明のとおり，大学入学者選抜に資することが目指されたものである。したがって，その対象はすべての学校の児童生徒となることは論理的にありえず，一部の高等学校の生徒に必然的に限定される。具体的には，任意参加の高等学校の生徒に限られており，また，その蓄積した結果が大学入学者選抜に利用されるのも当該取り組みに参加した大学等を受験した場合に限られている。加えて，JeP は電子的に記録するものとなっている。学びのデータを蓄積するポートフォリオの機能がある[4]といえども，蓄積する内容は探究活動，生徒会・委員会，留学・海外経験，部活動，学校行事，学校以外の活動，表彰・懸賞，資格・検定，の計8つのカテゴリに関わることであり，総合的な探究の時間，特別活動の一部以外の学習が含まれない。あくまで学力試験等と併せて用いられることが想定されたためか，学校生活全体をカバーするものではなかった。つまり，JeP は，学習活動に用いることも視野には入っていたものの，大学入学者選抜のためにあったものであり，すべての学校種のすべての児童生徒が取り組むものともなっておらず，一部の生徒に限った枠組みであった。「キャリア・パスポート」と JeP の相違点の一部について表1-2のとおりである。

　上に述べた両ポートフォリオの記述に表れているとおり，両者の性格は異なっているが，この違いは当の文部科学省自体が入念に述べている。「『キャリア・パスポート』に関する Q&A について」の初版（文部科学省，2020c）では，「問8　高校生の資格・検定や課外活動の実績等，学校内外における活動の成果（「学びのデータ」）を記録することができる JAPAN e-Portfolio と「キャリア・パスポート」との違いは何でしょうか。」との問いが示されており，次のように回答されている（下線部筆者，なお令和4年（2022年）

4　森本（2018）はeポートフォリオには「学習プロセスにおける『学習者の学習・評価を継続的に促進させるためのツール』としての役割」もあることを述べ，「大学入試の出願書類をeポートフォリオと呼ぶケースが見受けられるが，それはeポートフォリオのごく限定された一側面に過ぎない。むしろ，eポートフォリオは，生徒・学生の日々の学びを促進させ，多面的・総合的な評価を可能にするツールとしての役割が大きい」としている。平成30年（2018年）の時点でなされたことに鑑みると大変重要な指摘であった。同時に，こうした重要な指摘がなされている一方で，JeP の実装において項目が限定的だったことについては，筆者の手に余るために言及するにとどめたい（こうした点への指摘としては奈須（2019）など）。

3月改訂版（文部科学省，2022）からはこの質問を含む JeP 関連質問は運営許可取り消しを理由に削除されている）。

　1．大学入学前に蓄積された「学びのデータ」を大学入学者選抜の際に提出できる「JAPAN e-Portfolio」と，学習活動として活用する教材「キャリア・パスポート」では，そもそもの趣旨・目的が異なるものです。

※「JAPAN e-Portfolio」は，各大学の入学者選抜において，「学力の3要素」を多面的・総合的に評価するために活用すること，及び高等学校教育，大学教育の質の確保・向上に向けた取組みに活用することが目的です。一方，「キャリア・パスポート」は，学習指導要領特別活動編に示された学習活動として活用する教材であり，自己評価や相互評価の記録です。したがって，「キャリア・パスポート」をそのまま大学入学者選抜の提出資料にすることは適切ではありません。ただし，児童生徒が「キャリア・パスポート」を振り返るなどして，大学入学者選抜の面接や自己 PR 文作成に臨むことは考えられます。

　この「『キャリア・パスポート』に関する Q&A について」（初版）は令和2年（2020年）4月付で公表されている。つまり，運営許可取り消しの数カ月前であり，この時点では両者が併存していた。ひいては，両者の関係性を明確にする必要があったタイミングでもあった。

　そこで以下では，両者の関係についての考えが明示された公的な機会の例として，「『キャリア・パスポート』導入に向けた調査研究協力者会議」に目を向けたい。ほぼ同時期に生じた「キャリア・パスポート」と JeP に関しては，当然のことながら，担当官レベルではさまざまな連絡調整があった[5]ことと思われる。しかし，そうした表に出てこないコミュニケーションとは異なり，この「『キャリア・パスポート』導入に向けた調査研究協力者会議」は一般公表され，会議での議論は誰もが聞くことができた。「キャリア・パスポート」と JeP の双方についての関係性を整理した公の場としては，管見

5　第1回会議における文部科学省からの回答内にも，そうした様子が読み取れる。

の限りでは唯一の機会である。また、「キャリア・パスポート」の例示資料（文部科学省，2019d）を検討した場であったことからも重要な位置づけにある会議である。次節では，その会議では何が語られたかを議事録（文部科学省，2019a，2019b，2019c）を用いて迫る。

◆◇◆

第3節 「キャリア・パスポート」とJePの接点：調査研究協力者会議

「『キャリア・パスポート』導入に向けた調査研究協力者会議」（以下，会議）は，平成30年（2018年）8月24日（金），同年10月25日（木），平成31年（2019年）年1月23日（水）の全3回開催された。この期間は，学習指導要領が告示され，移行期間であったのと同時に，JePがポータルサイトを開設し，かつ，委託研究の期間終了が迫る時期でもあった。つまり，特に高等学校関係者にとっては，2つの別種のポートフォリオ実践を見聞きした時期である。必然的に，「キャリア・パスポート」の内容や活用方法を定めるこの「会議」でも，「キャリア・パスポート」とJePの関係性に対する質問が出ており，両者の相違点等の確認に時間を割いている。

　さっそく第1回「会議」において，「キャリア・パスポート」とJePとの関係について，委員から確認の質問がなされている。他の委員及び文部科学省からの回答は明確であり，学習指導要領に照らして代替できるものではないと返答されている（以下，1字下げは議事録からの引用，下線部は筆者による。なお，以下に続く引用内では特に断りがないかぎりeポートフォリオと一般的な表記であってもJePを指していることを申し添える）。

　<u>eポートフォリオと，あと「キャリア・パスポート」の関連はどうなっているのか</u>ということをお聞きしたい。（後略）。（委員A）

　<u>学習指導要領上の話で申し上げます。</u>学習指導要領上，「キャリア・パスポート」は自己評価であるということが繰り返し記載されているんです。そして，学習指導要領，評価のところで，自己評価は学習活動であ

ると。いわゆる子供が実際に積み重ねた「キャリア・パスポート」が、イコール、そのままコピーペーストで学習評価になることはないと書かれているわけなんです。（中略）ｅポートフォリオをすることによって、「キャリア・パスポート」に替えることはできないだろうというのが原則です。（委員Ｂ）

ｅポートフォリオとの議論は、もちろん高等教育局との連携等もございますし、大学入試の、特に調査書の電子化等々のお話も、実は活路というか、そういったものはできないかというところで御相談は受けているのが現状です。ただ、（中略）そもそもの「キャリア・パスポート」の性格というものがございますので、（中略）イコールになることはないのかなと。（後略）。（文部科学省）

　以上のように、「会議」初回から両者の関係について質問がなされ、相違点の確認がなされている。それも、「キャリア・パスポート」が依って立つ根拠である、学習指導要領に照らして、この両者が代替不可能な関係にあることが原則として整理された。
　代替不可能であるゆえに、高校を代表する委員の懸念は、改めて両者の関係性に置かれる。ある委員は、座長から「高校を軸にしてですけれども、高校に限らずお考えだったこと、今までお話を聞いていて思われたこと」を問われ、幾つかの事柄を上げつつ、そのなかで次のように述べている。

新しく変わっていく大学入試の部分、特にｅポートフォリオとの関係がどうなるのかという点です。（中略）ちょうど線が２本走っていくような感じがあって、何のために書くのかがうまく分かっていないと、同じことを２回やらされているのではないかと先生方も思ってしまうのではないかと考えています。これから議論していく中で、うまく留意事項等で整理されていくといい。（後略）。（委員Ｃ）

　「会議」第３回では、議題に掲げられているのは「教材『キャリア・パスポート』作成作業について」のみだが、議事に入る前に大学入試室から「JA-

PAN e-Portfolio」の説明及び質疑応答の時間が設定されている。

　本稿が注目したいのは，この質疑の部分である。第1回「会議」で整理された原則の確認へとつながる質問を皮切りに，次のように質疑が展開した。

　1件だけ確認させていただきたいのは，「JAPAN e-Portfolio」は，狙いとしては大学入試に活用することが前提でございますか。(委員 B)

「JAPAN e-Portfolio」は，高校における学びも振り返りをしやすくできるようなものとして使っていただくというのが1点と，それを，先生が今おっしゃったように大学入試でお使いいただくというのが2点目で，もう1つは，大学に入ってからそのデータを IR なり何なりでお使いいただくという，そういう3つの大きな目的があるかなと思います。(文部科学省（大学入試室)）

　委員からの質問にあった入試に関する活用についてのみ回答するのではなく，「高校における学びも振り返りをしやすく」という「キャリア・パスポート」にも通じる目的にも言及している点は注目に値するところだろう。「2本走った線」ではあっても，両実践の本質的な部分においては，接点を持ちうることが示された瞬間でもある。

　このやりとりのあと，JeP を利用している生徒としていない生徒の選抜上の取扱いについての質疑を挟み，再度，目的・位置づけにかかる質疑が繰り返される。

　これは委託されている先に御確認を頂きたいのですが（中略）入っていないと大学入試のとき不利益を被ると思っていらっしゃる高校の先生方が極めて多かったり，又は，これをすることが新しい学習指導要領における児童生徒が記録して振り返る教材を活用することに代替できるのではないかというような，目的が違うのにも関わらず，これを代替すると

いうことができると勘違いしている先生がいるとか，少し PR の仕方[6]にまずい面があるのではないかと感じている部分があるのですが。(後略)。(委員 B)

実は私も先生おっしゃっているような声を高校の現場から頂戴することはございます。(中略) 我々の方も注意して説明を引き続きしていきたい。(後略)。(文部科学省 (大学入試室))

興味深いのは，委員発言に対して，そうした声が届いたことを認めている点だろう。もちろん，こうした混乱が「PR の仕方」によってどれくらい生じていたかをここから判断するのは不可能なことであり，本稿の趣旨にもそぐわないため措いておきたい。ここで踏まえたいのは，連動させて双方の実践の効果を高める可能性ももしかしたら持ちえたかもしれない両者が，展開の過程で混同されるに至っている以上は，それぞれの趣旨を改めて明示する必要が生じていたであろうことのみである。「会議」でのこのやりとりが，「『キャリア・パスポート』に関する Q&A について」(文部科学省，2020c)に JeP との関係に関する設問を盛り込む直接のきっかけとなったわけではないだろうが，「キャリア・パスポート」を推進する側にも両者の関係を明示するニーズが生じていたことはこのやりとりから垣間見える。

6　大学入学者選抜改革推進委託事業 (主体性等分野) の中心的な役割を担ったと推察される尾木 (2019) の講演にかかる質疑応答が飯吉 (2019) によってまとめられている。質疑では，「進学しない生徒たちの (筆者注：JAPAN e-Portfolio に取り組む) メリット」に関する問いへの答えとして以下のとおり述べられている (内容は，文部科学省 (2020c) の整理や実態とは整合しないように見受けられるが，原文ママである。なお，下線部筆者)。
「JAPAN e-Portfolio と文科省で，キャリア・パスポート事業というものを行っている。これは，生涯学習局が担当だが，小学校のときから特活の情報を蓄積し，振り返りをしながら将来への見通しを立てていくためのものである。実は JAPAN e-Portfolio とキャリアパスポートとは交わるところも多いという意見をお聞きする。JAPAN e-Portfolio に蓄積された情報を使って，振り返りをしていくことができるという点で接点がある。職業をこれから選択するという子どもたちが，自分にとって何が向いていて，何が向いていないのかを自らが知ること。それから3年間蓄積した学びのデータには履歴書に入れていくべきデータも含まれることからも活用のメリットがある。それから，先生との対話も JAPAN e-Portfolio を介しながら行っていくことによって，最終的に3年生になったときには大人とちゃんと対話できるようにしていくということなどの効果もある。だからこそ，JAPAN e-Portfolio を進学校以外の生徒さんにも使っていただきたい，ということをお伝えしている。」

◆◇◆

第4節　おわりに代えて：突きつけられている課題

　以上で確認してきたように，高大接続を推進するための方策の1つとしての JeP と「キャリア・パスポート」は交わることなく終わっている。JeP が令和2年（2020年）8月7日付をもって取り消しとなったことで，今回跡付けてきた「キャリア・パスポート」と JeP の接点も，二度と生じることはないものである。

　ただし，気を付けておきたいのは，主体性を評価することそのものは今なお俎上にある課題[7]であり，「キャリア・パスポート」を利活用しようとする欲望自体は今後も生じる状況がなお続いている，ということである。JeP がない以上，「キャリア・パスポート」を何らかのかたちで大学入学者選抜と関連づけようという議論が出てこないとは限らない。早くも第1回「会議」の時点で次のような意見が注意を喚起している。

　　大学側は特に「主体的に学習に取り組む態度」にどう対応していくかというのは大変苦慮しているところで，そのために，では面接をするのか，小論文をするのか。今のところ，大学側に「キャリア・パスポート」が知られたときに，私立大学等でこれが使えるというふうな判断をするところが出てこないとは言えないので，それがどういう活用の仕方になるのか。それに関して初等中等教育側からの規制というのは非常に難しいと思うんです。（中略）そういう流れに合わせてちょうど「キャリア・パスポート」が開始するので，その点，十分，初等中等教育側でできる

7　文部科学省（2020b）は，「『JAPAN e-Portfolio』の運営は停止しますが，『主体性を持って多様な人々と協働して学ぶ態度』を入学者選抜で多面的に評価することについて，引き続き『大学入学者選抜における多面的な評価の在り方に関する協力者会議』において，評価の内容や手法等に関して検討する」としている。そして同会議の「審議のまとめ」には「個々の生徒の『主体性を持ち，多様な人々と協働しつつ学習する態度』について，（中略）学校の教育活動外の個々の活動に取り組んだ過程や成果の詳細については，（中略）志願者自身が活動報告書，大学入学希望理由書などの志願者本人記載資料やポートフォリオなど各大学が定める方法により，直接大学に提出することが適当」（大学入学者選抜における多面的な評価の在り方に関する協力者会議，2021）とある（下線部筆者）。

ことというのは、「キャリア・パスポート」というのはこういう目的の
ものだというのを明確に伝えるということになると思います。(後略)。
(委員E)

「キャリア・パスポート」が始まったばかりであること[8]以上に、この注意
の趣旨に照らして、「キャリア・パスポート」がどういう目的をもった教育
実践なのかについて共通認識を図る必要は増す一方なのかもしれない。中村
(2020) は「本来は学習活動に有効利用されるはずのeポートフォリオを入
学者選抜に結び付けることは、eポートフォリオのもともとの教育的意味を
失わせる」と指摘しているが、この指摘には「キャリア・パスポート」にも
通じる示唆が含まれている。学習活動(自己評価)であるポートフォリオ実
践は、他者評価に対して脆弱であり、入学者選抜といった社会資源の配分が
強くかかわる場面においてはとりわけそうである。大学入学改革の論理に対
抗できる、教育実践としての「キャリア・パスポート」固有の論理が今後も
鍛え上げられる必要がある。

　なぜならば、言わずもがなではあるが、「キャリア・パスポート」がキャ
リア形成を促す学習活動である以上、進路選択との関連をまったく持たない
ということは難しいためでもある。このジレンマに備える必要があるとの指
摘は、第2回「会議」でも既に触れられている。

遠い将来には何らかの形で、このキャリア・パスポートと接続する形で
の大学入試の在り方ということも考えていかなくてはいけないと思うん
です。(中略) キャリア・パスポートと、それから提出用の選抜の資料
が重なってしまうと、多分ずっと自分にうそをつき続け、将来の仕事が
分からなくても何か書かなければいけない、先生もそれらのコメントを

8　移行期間中の令和元年 (2019年) に行われた全国調査では、「キャリア・パスポート」を作成
　　していない高等学校が66.8%に上っていたが (国立教育政策研究所生徒指導・進路指導研究セ
　　ンター、2021)、平成30年 (2018年) 告示高等学校学習指導要領の順次実施が進んでいる今般で
　　あれば、量と質の双方で高等学校における「キャリア・パスポート」実践の広まりが進んでい
　　ると期待される。

書かなければいけない，とみんなでうそをつき続ける[9]ことになってしまいますので。(後略)。(座長)

　本稿執筆時現在の「キャリア・パスポート」と入試の関係は，「『キャリア・パスポート』を入試や就職試験等でそのまま活用することは (中略)『キャリア・パスポート』の趣旨・目的からも考えられません」とされているが，「例えば，児童生徒自らが入学者選抜や就職試験で面接を受けたり自己申告書に記入したりする際の情報の一つとして『キャリア・パスポート』を参考とすることは考えられ」(文部科学省，2022) ると整理されている[10]。こうした「切り離し」以外にも「"主体性評価"の全域化という事態の危うさ」(中村，2020) を制御し「キャリア・パスポート」の目的に沿った実践を進める方策について，来るべき議論に向けて準備が求められることだろう。

　「キャリア・パスポート」を見る高校関係者の目には JeP の残像が映ることはもはやないだろうが，JeP がもたらした論点は消え去るものでもなく，むしろ「キャリア・パスポート」をその本来の目的に則って用いるうえでの極めて重要なポイントへの指摘を突きつけ続けている。JeP が潰え，「キャリア・パスポート」が走り出したからこそ，改めて以下を警句として受け止めたいところである。

　実際に何か 1 つのものができると，それが金科玉条のようになって，これにこう書いてあるということになるのはよくあることです。さっき懸

9　大多和 (2020) は，e ポートフォリオが「生徒が書き込む記述内容自体は自由なのですが，成長や能力形成を目指して行動する，そして，それを振り返って自分で確認するという物語に一人ひとりの生徒を参加させる働きをもっている」と指摘し，「学校が好ましいと考える方向に生徒を強く枠づけていると見ることができ，これが新しい時代の行動統制となっている」と述べている。この指摘を敷衍するなら，たとえ「キャリア・パスポート」が選抜資料にならなかったとしても，「記述内容」の自由への配慮，つまり児童生徒が「うそをつく」こと，うそをついたことを他に知らせなくてもよいこと (≒秘めておきたい事柄をその有無も含め知られないこと) をどこまで保証するかは逆説的に重要になると思われるが，これについては他日を期したい。

10　なお，本文中の引用にもあるとおり，「『キャリア・パスポート』に関する Q&A について」の初版 (文部科学省，2020c) でも，「児童生徒が『キャリア・パスポート』を振り返るなどして，大学入学者選抜の面接や自己 PR 文作成に臨むことは考えられ」るとしていたことには留意したい。つまり，直接資料にしないが，参考にすることはできる，というのは，「キャリア・パスポート」に内在する論理から設定できる関係のさせ方と見ることもできる。

念というのが幾つも示されたわけですけれども，その懸念というのが全部抜け落ちてしまって，ここに書いてあるからこうなっているんだ，ここに書けるような活動でなければ駄目なんだとかなっていって，教育が，場合によってはゆがめられていく可能性が，これに限らずですけれども，あるんだということを改めて思います。（第3回「会議」，委員D）

付　記

本稿は，令和2年度日本学術振興会科学研究費補助金（基盤研究A，課題番号20H00093，研究代表者藤田晃之）による研究成果の一部に基づく。

文　献

Between情報サイト（2018）．主体性等評価の実証事業で8月からeポートフォリオを入試等で活用　Between情報サイト　Retrieved from　http://between.shinken-ad.co.jp/hu/2018/02/JeP.html（2022年9月30日）

大学入学者選抜における多面的な評価の在り方に関する協力者会議（2021）．大学入学者選抜における多面的な評価の在り方に関する協力者会議 審議のまとめ　文部科学省　Retrieved from https://www.mext.go.jp/content/20210331-mxt_daigakuc02-000013844_1.pdf（2022年9月30日）

藤田　晃之（2019）．小学校から高校までを1冊に「キャリア・パスポート」が描く軌跡（10）高校卒業後を見据えた活用　教育新聞 2019年7月29日　Retrieved from https://www.kyobun.co.jp/education-practice/p20190729/（2022年9月30日）

福島　創太（2018）．全国の高校で導入中，活動記録サイトの正体──学校行事など「学力以外」が受験の判断材料に──　東洋経済ONLINE 2018年4月15日　Retrieved from https://toyokeizai.net/articles/-/216528（2022年9月30日）

飯吉　弘子（2019）．質疑応答の概要　大阪市立大学大学教育，*16*（2），41-51．

国立教育政策研究所生徒指導・進路指導研究センター（2021）．キャリア教育に関する総合的研究第二次報告書　国立教育政策研究所　Retrieved from https://www.nier.go.jp/shido/centerhp/career_SogotekiKenkyu_2.html（2022年9月30日）

倉元　直樹（編）（2020）．「大学入試学」の誕生　倉元　直樹（監修）東北大学大学入試研究シリーズ第1巻　金子書房

教育トレンドブログ（2019a）．教育eポートフォリオまとめ【その1】eポートフォリオとは？　キャリア・パスポートとの違いは？　教育トレンドブログ　Retrieved from https://moshibenben.com/e-portfolio-1/（2022年9月30日）

教育トレンドブログ（2019b）．教育eポートフォリオまとめ【その2】3つの運用ポイントをご紹介！　教育トレンドブログ　Retrieved from https://moshibenben.com/e-portfolio-2/（2022年9月30日）

文部科学省（2017a）．小学校学習指導要領（平成29年告示）　文部科学省　Retrieved from https://www.mext.go.jp/content/1413522_001.pdf（2022年9月30日）

文部科学省（2017b）．小学校学習指導要領（平成29年告示）解説 特別活動編　文部科学省 Retrieved from https://www.mext.go.jp/content/20221213-mxt_kyoiku02-100002607_014.pdf（2022年 9 月30日）

文部科学省（2017c）．中学校学習指導要領（平成29年告示）　文部科学省 Retrieved from https://www.mext.go.jp/content/1413522_002.pdf（2022年 9 月30日）

文部科学省（2017d）．中学校学習指導要領（平成29年告示）解説 特別活動編　文部科学省 Retrieved from https://www.mext.go.jp/content/20210113-mxt_kyoiku01-100002608_2.pdf（2022年 9 月30日）

文部科学省（2018a）．高等学校学習指導要領（平成30年告示）　文部科学省 Retrieved from https://www.mext.go.jp/content/1384661_6_1_3.pdf（2022年 9 月30日）

文部科学省（2018b）．高等学校学習指導要領（平成30年告示）解説 特別活動編　文部科学省 Retrieved from https://www.mext.go.jp/content/1407196_22_1_1_2.pdf（2022年 9 月30日）

文部科学省（2019a）．「キャリア・パスポート」導入に向けた調査研究協力者会議（第 1 回）議事録　文部科学省 Retrieved from https://www.mext.go.jp/b_menu/shingi/chousa/shotou/143/gijiroku/1409579.htm（2022年 9 月30日）

文部科学省（2019b）．「キャリア・パスポート」導入に向けた調査研究協力者会議（第 2 回）議事録　文部科学省 Retrieved from https://www.mext.go.jp/b_menu/shingi/chousa/shotou/143/gijiroku/1411157.htm（2022年 9 月30日）

文部科学省（2019c）．「キャリア・パスポート」導入に向けた調査研究協力者会議（第 3 回）議事録　文部科学省 Retrieved from https://www.mext.go.jp/b_menu/shingi/chousa/shotou/143/gijiroku/1413600.htm（2022年 9 月30日）

文部科学省（2019d）．「キャリア・パスポート」の様式例と指導上の留意事項　文部科学省 Retrieved from https://www.mext.go.jp/component/a_menu/education/micro_detail/__icsFiles/afieldfile/2019/08/21/1419890_002.pdf（2022年 9 月30日）

文部科学省（2019e）．「キャリア・パスポート」例示資料等について（事務連絡）　文部科学省 Retrieved from https://www.mext.go.jp/component/a_menu/education/micro_detail/__icsFiles/afieldfile/2019/08/21/1419890_001.pdf（2022年 9 月30日）

文部科学省（2020a）．審査結果（令和 2 年 8 月 7 日付）　文部科学省 Retrieved from https://www.mext.go.jp/content/20200806-mxt_daigakuc02-100001382_1.pdf（2022年 9 月30日）

文部科学省（2020b）．「JAPAN e-Portfolio」について　文部科学省 Retrieved from https://www.mext.go.jp/a_menu/koutou/senbatsu/1413458.htm（2022年 9 月30日）

文部科学省（2020c）．「キャリア・パスポート」Q&A について　文部科学省 Retrieved from https://www.mext.go.jp/a_menu/shotou/career/detail/1419917_00001.htm（2022年 9 月30日）

文部科学省（2022）．「キャリア・パスポート」に関する Q&A について（令和 4 年 3 月改訂）　文部科学省 Retrieved from https://www.mext.go.jp/content/20220314-mxt_jidou01-000007080_1.pdf（2022年 9 月30日）

森本 康彦（2018）．高大接続改革における e ポートフォリオの役割と活用法　情報処理学会研究報告，2018-CLE26（14），1-6.

中村　高康（2020）．生活全部が「受験」になる…大学入試改革「主体性評価」の危う
さ――高校生活の「受験従属システム化」――　現代ビジネス　2020年3月15日 Re-
trieved from https://gendai.media/articles/-/71054（2022年9月30日）

奈須　正裕（2019）．学校と教師はポートフォリオをどうとらえ活用していけばよいか
Career Guidance, *423*, 36-37.

尾木　義久（2019）．高校生の主体的学びとその見える化を促進する JAPAN e-Portfolio
大阪市立大学大学教育, *16*（2）, 3-35.

大多和　直樹（2020）．eポートフォリオの入試利用をめぐる功罪　中村　高康（編）大
学入試がわかる本――改革を議論するための基礎知識――（pp.129-148）岩波書店

第 **2** 章

体験的大学入学共通テスト談義
──古典的テスト理論による「分析」──

村上　隆

第1節　75歳，無謀にも共通テストに挑戦を試みる

1．数学の問題が「あまり適切でない」との外部評価？

　筆者のごとき「前世紀の遺物」が，大学入試のような常に喫緊の課題について発言することが適切かどうか，執筆を始めるにあたっていささかの逡巡を禁じ得なかった。かつて書いたものを読み返すと，もとより拙劣なものであり，今となっては撤回しなければならない主張もあるが，そこに当事者としての緊張感はあった（村上，2001，2011，2018）。しかし今や，入試の監督をすることもなく，合格者決定の現場に立ち会うこともない。なにより，選抜した新入生に出会うこともないのである。

　そんな折に，新聞紙上の「難易度『あまり適切でない』数学2科目，外部評価　共通テスト」という見出しで始まる記事が目に入った。これは次のように続いていた。

　　今年1月に実施された大学入学共通テストで，平均点が過去最低だった
　　数学の2科目の難易度について，大学入試センターの外部評価分科会は
　　「あまり適切ではない」と評価した。（中略）センターが6月30日に発表
　　した[1]。

　筆者はかねてから，新しい共通テストには懐疑的な考えをもっていたから，これを読んで「やっぱりこうなったか」という感想とともに，具体的にどん

1　https://digital.asahi.com/articles/DA3S15341826.html?iref=pc_ss_date_article（2022年9月18日アクセス）

な問題であるのか，久々に大学入試センターによる共通試験というものに取り組んでみようなどという考えを起こしてしまった。

２．剥落した受験数学の知識・技能

ともかく，大学入試センターのサイトから「数学Ⅰ・数学Ａ」の問題をダウンロードしてPCの画面に映しながら，Ａ４の白紙を何枚か用意して解き始めた。第１問は３題あって，１と２は，手際よくとはいかないものの，ともかく正解らしきものにたどり着くことはできた。しかし３で躓く。正弦定理を使うのはわかる。これが２次式の最大化問題であることに気づくまでにずいぶん時間をかけてしまった。たどたどしく平方完成をしてみると，極大値は独立変数の定義域の外にある！　独立変数の制約のところに戻って考え直し，多分これが正解だと自分を納得させる（実際，正解だった）。

第２問は２題あり，１題目は題意がすぐには理解できず，時間もなくなってきたので，２題目のデータ分析の問題に行く。これは率直に言って悪問だと思った。実データを用いるのはよいが，その解釈を求めているわけではなく，問題はもっぱら記述統計の数値にかかわるものだから，限られた時間で数値の素性を読み取っていくのは大変である（ある程度興味のある内容領域なので気が散る）。また，相関係数を小数点以下２桁まで，４桁割る６桁の計算を筆算で求めさせる問題はひどい（実務でこんな計算をすることはあり得ない）。その他にも，外れ値の相関係数への影響など，もちろん重要な論点には違いないものの，高校生にはもう少し基本的なことを知っておいてほしいと思うような知識を要求される。筆者は，散布図を描くことも相関係数を計算することも，これまでの人生で散々やってきたけれども，「この２変数間の相関係数は 0.63 だけど，散布図はこの４枚のうちどれになるか当ててごらん」などという局面にはいまだかつて出会ったことがない！　まあ，このあたりは作問者もあまり経験のないところだろうし，問題についての批判は私よりもっとずっとプロの人たちがやってくれるだろう（と思ってネットを検索したが，そういう文書は今のところ見つからない）。

第３問は誘導に従って，基本問題の部分は何とか解けたが，最後の条件つき確率のところで時間切れで，この問題の正解に達したのは夕食を挟んで２時間後という有様であった。これでは，史上最低といわれる平均点，37.96

点にも届きそうもないが，採点するのはやめておこう。

第2節　外部評価委員による評価と受験指導現場の反応

1．実際のところはどんな評価だったのか

　次に，外部評価委員会がこの「数学Ⅰ・数学A」の問題を，実際のところどのように評価しているのかを調べてみることにした。これも大学入試センターのサイトから簡単にダウンロードすることができる[2]。

　外部評価は3つの部分からなっている，すなわち，

1. 高等学校教科担当教員の意見・評価（大学入学共通テスト問題評価・分析委員会外部評価分科会による意見・評価）
2. 教育研究団体の意見・評価（全国的な教育研究団体に対して，意見・評価の提出を依頼し，回答が寄せられた次の16教育研究団体について掲載したもの）。『数学』に関しては，日本数学教育学会があたる。
3. 問題作成部会の見解（大学入学共通テスト問題評価・分析委員会 自己点検・分析・評価分科会の見解）

であるが，さらに，

巻末資料 大学入学共通テスト問題評価・分析委員会外部評価分科会の
外部評価（高等学校教科 担当教員の評価）

がある。これは試験問題について，項目別及び総合的観点から適切であったかを4段階で評価したものということである。

　そこで，「数学Ⅰ・数学A」の個々の問題への評価を見てみると，先の新聞記事から受ける印象とは異なり，総じて肯定的で高い評価がなされている。むしろ絶賛と言っていい。たとえば，高等学校教員による評価で，やや批判的な面が見られるのは，まとめ（総括的評価）の中の下記のところくらいである。

　設問は基本～標準的な難易度で構成されている。受験者には質の面でやや難易度が高かった問題も散見されたものの，育成すべき資質・能力の

2　https://www.dnc.ac.jp/kyotsu/hyouka/r4_hyouka/r4_hyoukahoukokusyo_honshiken.html（2023年1月17日アクセス）

視点に鑑みた際にその意義は重要であり，深い学びを実現させるためにもこのような設問は必要である。**一方で，計算量の多い設問も散見された**。本テストが志向する知識の理解の質を問う問題や，思考力・判断力・表現力等を発揮して解くことが求められる問題への更なる改善に向け，**これらの計算の分量・程度についてはより一層議論を進めていただきたい**。（強調筆者）

日本数学教育学会の評価も基本的論調は変わらず，難化した出題傾向にも肯定的であるが，下記のように解答時間については指摘している。

本年度の共通テストでは，上記のように質の高い問題が出題されたものの，多くの受験生にとって時間がたりなかったようである。個々の問題については，思考の過程を振り返って統合的・発展的に考察するなど，数学的な思考力を適正に評価できるよう工夫がみられるが，**全体を通した解答時間の合計が課題となっている**。今後の試験では時間配分の面を十分に考慮されることを要望する。（強調筆者）

新聞記事にあった「適切でない」という評価があるのは，前述の巻末資料で，ここでは「教科・科目」ごとに，後に引用する8つの観点について，4段階評価が行われているのであるが，「適切でない」とされたのは，「数学Ⅰ」及び「数学Ⅰ・数学A」の「(7)難易度」の項目への「2」という評価だけである。

2．受験産業からの評価も総じて高いが…

このように，「数学Ⅰ」，「数学Ⅰ・数学A」についての評価は，全体的には低いわけではない。もちろん，大学入試センターの公式サイトに搭載される情報としては，たとえもっと批判的な意見はあったとしても，このあたりが精いっぱいのところかとは思う。しかし，そうした「忖度」の必要のない受験産業の間でも，今回の変化は概して受容されるだけでなく，歓迎さえされているようである。

筆者が発見した，ただ1つの例外は，「受験の月」というやや斜に構えた

サイトであった。ここの「伝説の入試問題」というページ[3]は，筆者も取り組んだ令和4年度（2022年度）の「数学Ⅰ・数学A」に，かつてのセンター試験への戦略を十分に備えた「上位の」受験生が挑戦するプロセスを実況中継のような形で記述し，今回の「数学Ⅰ・数学A」が，いかに従来の戦略の通用しない「異次元の困難度」であったかを描き出している。特に，時間的プレッシャーの中で，解答が無理と思われる問題を飛ばして次に進むべきかどうかを判断していく戦略が，うまく働かなくなるようないくつかのトラップについての指摘は興味深い。

　さらに，この実況中継的解説は，ハイステークスなテストの受験が単なる受験者の認知能力の検証の機会ではなく，まさに戦い（格闘技？）だということを教えてくれる。問題（敵）の難易度と自分の力量を比較検討しながら，時間的プレッシャーの中で，いかに集中力を切らさず，最大のパフォーマンスを発揮するか。しかも，この機会は年に一度，いや，ある意味では一生に一度しか訪れないのである。ここにはテストのスコアが，高等学校の教育課程における到達度とは別の何かをも反映しているのではないかという，ある意味で重大な疑問が提起されている。

◆◇◆

第3節　令和4年度（2022年度）の「数学Ⅰ・数学A」を古典的テスト理論を通してみる

　このような問題を含む令和4年度（2022年度）の「数学Ⅰ・数学A」について，心理測定学の枠組みの中で解釈しようというのが，この先の筆者の目論見である。そのためには，筆者がある程度使いこなすことができる（つもりの）古典的テスト理論（classical test theory; Gulliksen, 1950; 池田, 1972; Nunnally, 1978; Levy & Mislevy, 2016）を振り返ることから始めたい。

1．個人差の representations
　まずは，受験者の間に何らかの個人差があることが大前提である。図

3　https://examist.jp/legendexam/2022kyoutest1a/（2022年9月19日アクセス）

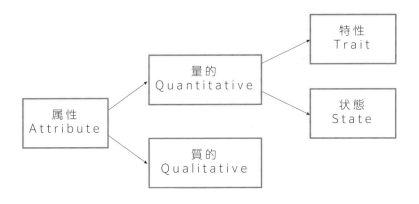

図２-１．　個人差とその測定の概念

　２-１は個体差を表現する方法を分類するための概念について示したものである。まず，何らかの記号または言語によって表現される最も広い概念が属性（attribute）である。これは，大小比較ができる量的（quantitative）次元と，個体間の区別（個体の群分け）ができるだけの質的（qualitative）属性とに分けることができる。さらに量的属性は，個人の測定値が容易には変化しない特性（trait）と，時間的に変動する状態（state）に分けられる。入学試験が目指したのは，大学教育への能力（ability），と適性（aptitude）を示す（一時的な状態ではなく）変化しにくい特性について，可能な限り正確に査定（assessment）することであった。

　以上はあくまでも理論上の想定であって，現実のテストの得点に適用するには，測定値の性質についていくつかの仮定を加える必要がある。

２．信頼性と妥当性
　あるテストの得点が，目的とする特性の正確な測定に成功しているかどうかの基準として，心理測定の世界で長く用いられてきた基準が，古典的テスト理論における信頼性（reliability）と妥当性（validity）であった。これらの概念について，まず簡単に検討しておこう。

　信頼性を考える上での前提は，テスト得点が何らかの特性上の個体の位置を，かつその特性上の位置のみを反映していると考え，テスト得点と特性上

の位置との差は，もっぱらランダム誤差のみによって生じるとするものである。もし同一個体に対して同一のテストを反復して実施することができたとすれば，その平均値は当該特性の真の値に近づき，その標準偏差はランダム誤差の大きさの推定値であって標準誤差と呼ばれる。当然，標準誤差が小さいほどテスト得点の信頼性は高いとみなされる。実際のテストの信頼性の評価（信頼性係数など）については，次節で改めて検討する。

　妥当性は，目指している特性が，テスト得点が反映している特性と異なっている（ズレている）可能性にかかわる。テスト得点が反映している特性と本来テストが目指すべき特性との相関係数が妥当性の高さを示す。なお，信頼性がランダム誤差によって定義されるのと対比して妥当性を系統誤差（あるいは恒常誤差）として説明する流儀があるが，少なくともテスト得点に関する限り，妥当性という概念の内容を過不足なく伝えているとは言えない。これについても，次の節で議論したい。

3．学力のテストの信頼性：身体の測定と対比して

　アーサー・ジェンセン（Arthur Jensen, 1923-2012）は，人間の知能が IQ という 1 つの数値（g-factor）によっておおよそ表現でき，その得点には明確な人種間の差があると主張して，議論の的となった。彼はその著書の 1 つにおいて，知的能力の測定の信頼性についても，少々センセーショナルな議論を行っている（Jensen, 1998, p.50）。彼は，「人間の能力の心理学的測定は，物理学的測定より，一般に誤差や不確定性が大きいというのは広く行きわたった誤解である」とし，多数の項目からなる，複雑な心理的プロセスのテストの信頼性が，人間の身長や体重の信頼性よりも高く，血圧の測定値などよりは，はるかに高いとする。

　これは，何の evidences にも基づかない暴論とは必ずしも言えないが，額面通りに受け取るわけにはいかない。たとえば，人間の身長の測定値は朝と夜では 1 cm 以上異なることがあるが，これはランダム誤差ではなく，現実に身長そのものが時間的に伸縮するのであり，個人の特性としての身長に状態の成分が加わっているのである（図 2 - 1 参照）。血圧については，測定装置に起因するランダム誤差は，身長のそれより大きいかもしれないが，測定時点において，状態としての血圧を変動させる要因は極めて多く，今日では，

特性としての高血圧症か否かを判断するために，1日に3回，本人が自宅で自分で測定した結果を（そのときの状況とともに）記録してもらうという方式が定着している。ジェンセンの主張は，状態の変動をランダム誤差と（わざと？）混同した謬見である。

　なお，身体計測には cm，血圧には mmHg という物理的単位をもつ次元があり，そこに恒常誤差を考えることができるのに対し，学力には物理量のような「実体」のない構成概念（construct）である。そこで，学力には「マークシート形式のテストの得点など真の学力ではない」といった議論があり得るのに対し，仮に近未来において血圧のもっと正確な測定方法が開発されたとしても「昔の血圧計の示していた数値は血圧とは別の何かだったのだ」などという話にはならないであろう。

　これと関連して，以下におけるテスト得点の信頼性の理論において，真の得点という概念が現れるが，ときどき誤解されているように，これは「正しい本物の学力」という意味ではなく，あくまでも「ある特定のテスト」の得点のうちランダムな変動を免れている部分という意味でしかない。このことが，テストの得点と「構成概念としての真の学力」とのズレが問題になる妥当性の議論を難しいものにする。

　以上を押さえた上で，信頼性を数的に評価する信頼性係数の定義を見てみよう。個人 i のテストの得点 X_i は真の得点 T_i とランダム誤差 E_i の和であると仮定される。さらに若干の仮定を重ねて，この関係は，それぞれの分散についても成立するとする。すなわち，$\sigma_X^2 = \sigma_T^2 + \sigma_E^2$ である。信頼性係数 ρ は，得点の分散中にしめるランダム誤差の小ささ，すなわち，

$$\rho = 1 - \frac{\sigma_E^2}{\sigma_X^2} \tag{1}$$

と定義される。ジェンセンは身長や血圧の信頼性を評価する際，σ_E^2 に本来のランダム誤差だけでなく状態の変動も含めて評価することにより，身長や血圧の測定の信頼性を過度に低く評価したのである。

　それでは現実の学力テストの信頼性係数はどの程度になるのだろうか。テストは通常，1回しか実施されず，個人ごとに1つの得点しか得られないから，信頼性係数を評価することは難しい。ジェンセンは，「典型的な知能検査」等の信頼性係数が 0.90〜0.95 としているが，これは少々過大評価であ

るように思われる。それに対して，血圧の方は 0.5 であるというが，これは特性に状態を混入させた低すぎる値である。

　学力の信頼性係数について，1つのヒントになるのは，受験産業が実施する模擬試験と受験性が自己採点して報告する本試験の得点との間の相関係数である。

　信頼性係数の推定方法として平行テスト法（parallel test method）というものがある。模擬試験は，できるだけ本試験に近い内容，形式，難易度で作られる一種の平行テストである。1つのテストとその平行テスト間の相関係数は（それぞれの誤差成分が相互に独立である等）一定の仮定の上で ρ の推定値となる。大学入試センターが実施する共通試験がまだ「共通1次試験」と呼ばれていた1980年代の半ばには，全受験者に5教科7科目（1,000点満点）の受験が強制されていた。当時，ある受験産業で，3年分の散布図と相関係数を見せてもらったことがあるが，その値は小数点以下2桁まで一致しており，0.85 であった。模擬試験を受けた上で，自己採点結果を報告したのは約10万人であったと記憶する。散布図はほぼ理想的な2変量正規分布の形状を示していた。

　模擬試験と本試験は約1ヵ月おいて実施されており，さまざまな理由でここには状態の変化も反映していると考えれば，この数値も（本試験の）ρ の推定値としては過小評価である可能性が高い。さまざまな相関係数の低下の原因を勘案すると，ジェンセンのいう 0.90〜0.95 という数値もあながち不当な値とも言えないかもしれない。ただし，これは7科目の合計点の信頼性であり，個別科目の信頼性はこれより低い。個別科目と合計点の信頼性の関係については本節第7項を参照のこと。

4．個別科目の信頼性：信頼性係数を左右する諸要因

　それでは，個別科目，さらにいくつかの小問の積み重ねである複数の大問からなるテストについて，いわば下から積み上げていく信頼性についてはどのように考えればよいであろうか。複数の項目からなる1回のテストの得点の信頼性の推定値としてしばしば用いられるものの1つが，Cronbach の α 係数と呼ばれるものである。これは，内的整合性（internal consistency）にもとづく信頼性係数と呼ばれることもあり，テストの項目数を m，項目間

の相関係数の平均値を $\bar{r}$ とすると，近似的に，

$$\alpha = \frac{m\,\bar{r}}{1+(m-1)\bar{r}} \tag{2}$$

と定義される。項目数を増やせば，1問ずつに加わるかもしれないランダム誤差も，多数の項目得点を加算することによっていわば相殺されて，真の得点の分散にくらべて相対的に小さくなると想定できるからである。

　また，α は $\bar{r}$ の増加関数でもあるから，$\bar{r}$ は大きい方がよい。この値を左右する要因は多いが，項目ごとのランダム誤差を小さくすることも効果的である。そのためには，個々の問題で用いられる知識や技能の数を縛りこむことが1つの方法である。例をあげよう。次のような問題があったとする（佐々木，2022）。

加法定理を用いて sin75° の値を求めよ。

　この問題に受験者が正答するためには，次のような知識と技能をもっていることが必要十分条件であると言ってよいであろう。

1.　三角関数の加法定理を正確に記憶している。
2.　sin, cos の値が数表なしでわかるのは，0°〜90°の範囲では，0°，30°，45°，60°，90°に限られることを知っており，かつその値を知っている。あるいは作図などによって導き出せる。
3.　加法定理の式に，75°＝30°＋45°を代入した上で，平方根を含む演算が正しくできる。

　実際には，それぞれの段階でケアレスミスが発生することはあるから，ランダム誤差を完全に回避することはできない。ただし，1〜3のどれか1つでも欠いている受験者が偶然正解に到達し得るとは思われない。こうしたシンプルな問題からなるテスト得点の信頼性は高い（本節第8項参照）。

　他方，テスト項目への反応にランダム誤差が混入しやすくなる要因としては，次のようなものが考えられる。

①　解答に到達するまでに，多くの知識が必要である。
②　解答に到達するまでのステップが長い。
③　問題文の中に，解法とは関係のない記述がある。

④　問題の本筋ではないところに正解への手掛かりがある。

⑤　受験者が設問の流れからする予想を外すような問いになっている（いわゆるひっかけ問題）。

　現在の入試状況では，問題が単純すぎては上位グループの受験者間で差がつきにくく，結果的に①や②の要素を含まざるを得なくなるのであろうが，これはランダム誤差を増やすだけでなく，解答時間が長くなることを配慮すれば，1つのテストに含められる項目数が減り，二重にテストスコアの信頼性を低下させる。さらに，今回の「数学Ⅰ・数学A」では，③や（作問者が意図したわけではないであろうが）⑤の要素もあったようである[4]。

　以上は問題の性質が信頼性を低める要因であるが，(2)式を信頼性の推定に用いる限り，これらには逆に見かけ上の信頼性を上昇させる効果もあることも指摘しておかなければならない。たとえば，一定数の受験者にとって問題が難しすぎて解答時間が足りなくなり，多くの設問への解答が無答となってしまったとしよう。そうした問題項目の得点はすべて0となるから，結果的には全受験者で計算される項目間相関の平均値$\bar{r}$は大きくなる。そこでもし，(2)式で信頼性係数の推定値を計算したとすれば，その値は高くなりすぎる。

　このことは，解答に至るスピードは，共通テストで問われるべき学力の要素にどの程度含まれるべきかという，テスト得点の妥当性の問題にもつながってくる。ただし，(2)式をスピードテストに使ってはいけないという注意は古典的テスト理論の教科書には必ず書かれている。

　もう1つ，特に数学の問題では「共倒れ」と呼ばれる現象もある。1つの大問をいくつかの小問に分けて正解へと誘導していく場合，ある段階で誤答すると，その先の小問がすべて誤答となる。これも，時間不足と同じ理由で，実際の信頼性とは無関係にαの数値を高める。

　さらに，より根本的な問題として，αは1回実施されたテストの結果からだけ計算されるから，平行テスト法とは逆に，状態の変動は真の得点の方に含まれてしまい，これも信頼性を過大評価する一因となる。

　以上のように，1回だけ実施される1科目のテストの信頼性係数は，仮にデータから何らかの方法で計算したとしても，それを共通テストの質の評価

4　ただ，共通テストの多くののの大問には「基本問題」と呼ばれるシンプルな小問を含むように作問されていることも指摘しないとアンフェアであろう。

として使うこと，さらにそれを受験生や教育界のみならず一般国民に理解してもらうことはかなり難しいであろう。したがって，こうした数値が公開されないことには，それなりの理由がある。

ただ，大学入試センターから委嘱される外部評価委員会は，実データ関連の資料としては，個々の小問の正答率と科目別合計点の分布だけしか参照していないらしいが，大学入試センターの研究開発部において作問者との間の協議で用いられているような統計資料は参照されてもよいのではないかと思う。

5．共通テストの妥当性検討

信頼性についての検討が必要なのは，それがテストとしてはより重要な妥当性の前提条件となるからである。得点がランダム誤差だけで変動するようなテストには，個人の特性を反映する要素がまったくないわけであるから，妥当性もゼロと考えざるを得ない。他方で，後述する bandwidth-fidelity di-lemma という現象を考えれば，信頼性（係数）の上昇だけを目指したテストの妥当性もまた低い可能性が高い。

前述のように，妥当性とは測定を意図している特性（専門用語である。図2-1参照）を実際にどの程度測り得ているか，その程度を示す概念である（最近の専門書における定義はもっと込み入っているが）。

まず，一般的な議論から始めよう。学力検査の得点がほぼ唯一の選抜資料であった時代には，妥当性検討の1つの流れは，入試得点が入学後の成績をどの程度予測できるかという予測的妥当性（predictive validity）という考え方にもとづくものであった。これは入試得点と入学後の成績（たとえば GPA）との相関係数を妥当性評価の指標とするものである。しかしながらこれまで，この方法で入試成績の高い妥当性が証明されたことはない。相関係数は，せいぜい 0.2 ～ 0.3 程度にとどまっていた。その原因には様々なものが考えられるが，入学後の成績は合格者，すなわち，入試得点の高いグループについてしか求められないという選抜効果（selection effect）の影響が大きいものと思われる。これを修正する公式も考えられているものの，安定した結果を産み出すとは到底言えないようだ。今日のように，選択科目や問題の範囲が増えてくると，この方法の威力はますます低下すると言えよう。

テスト得点を含む複数の変数の間の（因果的）ネットワークを考え，それが検証されることをもってテスト得点の妥当性の根拠としようとするのが，構成概念妥当性（construct validity）である。これは後述の内容的妥当性（content validity）の要素も含めてテスト得点の妥当性を総合的に判断しようという構想である。ただし，これにもとづいて入学者選抜のためのテストの妥当性を検討することは，いささかハードルが高い。入学後の成績以外に，入試成績と強い理論的関係をもつと想定され，かつこうした検討に耐える程度に信頼性と（それ自体の）妥当性の高い変数を発見することは困難だからである。

　そうなると，（共通テストを含む）入学者選抜に用いる得点の（特に肯定的な）情報は，問題の内容の評価（内容的妥当性：content validity）に頼る面が大きくなる。内容的妥当性の判断基準として，テスト理論の中でこれまで常に言及されてきたのは，領域適切性（domain relevance）と領域代表性（domain representativeness）であった。領域適切性は，問題項目が教授された範囲内の知識やスキルで解答できるものであることで，これは1問ごとに判断できる。他方，領域代表性は，問題全体が教授された内容を偏りなく含んでいることであり，問題全体を見わたして初めて判断できる性質である。

　なお，領域代表性と信頼性にはやや微妙な関係がある。領域代表性が低い少数の単元に偏った問題群は，項目間相関が高くなる傾向がある。特に，特定の領域が不得意な受験者は複数の問題で軒並み誤答になる。これは，前項で述べた時間不足や共倒れと同様，rを大きくする。妥当性を高めるための項目の多様性と，特定領域に限定して信頼性を高めることとは trade off の関係にあり，これがしばしば bandwidth-fidelity dilemma と呼ばれる性質である。

　共通テストの外部評価において，問題の評価基準を明示的に示しているのは，高等学校科目担当者による評価である。これは妥当性評価の基準と見てよいであろう。これは8項目からなる。

(1) 問題作成方針を踏まえて，知識の理解の質を問う問題や思考力・判断力・表現力等を発揮して解くことが求められる問題の出題も含め，バランスのとれた出題となっている（出題のねらい）

(2) 高等学校学習指導要領の範囲内から出題されており，特定の分野・領域に極端に偏っていない（出題範囲）

(3)　問題で使用される資料等が，特定の教科書に偏っていない（題材）

(4)　高等学校における学習の過程を意識した問題の場面設定がなされた問題が含まれており，その場面設定が，教科・科目の本質に照らし必然性のある形で出題されている（問題の場面設定）

(5)　試験問題の構成（設問数，配点，設問形式等）は適切である（問題構成）

(6)　文章表現・用語は適切である（表現・用語）

(7)　問題の難易度は適正である（難易度）

(8)　得点のちらばりは適正である（得点のちらばり）

　ここで，(2)と(3)は明確に領域適切性に相当する。他方，領域代表性については明確な言及がなく，問題全体としての評価は結局「適切でない」評価となった，問題の困難度である(7)に集約されたのであろう。

　むしろ，テスト得点の妥当性の問題としては，個別科目に言及しない古典的テスト理論の内容的妥当性がカバーしていない側面として，個々の問題の形式的適切性というべき側面があげられている（(5)，(6)）。基準(1)と(4)は，学力の3要素の観点から浮かび上がることになった基準のようだ（外部評価と同じページからダウンロードできる「問題作成方針」参照）。

　(7)以外の点で，専門家の評価が高いことについて，あるいは，日本数学教育学会の（特に箇条書きの基準のない）問題内容の評価が高いことについて，数学も教科教育も専門外の筆者が批判的に論じる余地はない。今回の「数学 I・数学 A」の5つの大問は，数学教育のプロフェッショナルが想定する数学の学力の構成概念に照らして妥当性の高い良問だったと判断しよう（データ分析に関する第2問の2については納得がいかないが）。

6. 良問をならべてもよいテストになるとは限らない

　前述のように，伝統的に（もちろん，論理的に）テスト理論では，能力テストとスピードテストのデータの扱いは厳格に分けられてきた。一般には，速く問題が解けることも実力のうちという考え方が流布しており，それは完全に否定されなければならないわけではない。ただ，そこには適切なバランスがあるはずであり，今回のように作問レベルで全体を見渡した検討が，十分になされなかったようにみえる。

しかしながら問題はその点にはとどまらない。従来，今回の「数学Ⅰ・数学A」のような「難化」が従来は「文系受験生や中位以下の受験生にとって得点の低下を招いていたのに対し，今回の問題は上位の受験生をも直撃した」という指摘（前述の「受験の月」）が事実であれば，これは単なる平均値の低下（受験者全員の得点がほぼ同じように低くなった）ではなく，かなりの受験者が不運に見舞われたというのが実情ではないかと思われる。問題自体は，落ち着いて取り組めば，上位受験者にとって特別難しいというものではなかった（だからこそ，良問と評価された）ようであるが，時間的プレッシャーと，いくつかの設問に（意図しないで）仕掛けられたトラップ（これは，いわゆる落とし穴に限らず，先にあげた信頼性を低下させる要因①〜④などを含む）によって，得点低下に見舞われた受験者がかなりいたということである。別の言い方をすれば，今回の「数学Ⅰ・数学A」の得点には，本来問われるべき認知能力以外の非認知的要素（たとえば，ストレス耐性）が影響していた可能性が高い。これは，古典的テスト理論の観点からは，テスト得点の信頼性とともに妥当性を低下させていたと解される。

7．選抜のためのテストの信頼性が高すぎて困ることはない

あるテストが選抜に用いられるということは，その得点は個人の能力（と適性）のできる限り正確な測定値であるべきである。特に，共通テストのように複数の受験機会で用いられる可能性の高いテスト得点については，その信頼性は高すぎて困るということはないはずである。この点は学力の格差等が生じる要因を探るための「学力調査」とは決定的に異なる。先に，1980年代の共通１次試験とその模擬試験との相関係数，信頼性係数の推定値として0.85という数値をあげた。全員が５教科７科目を受験し，受験生のレベルと問題の難易度についてもマッチしていたと思われる共通１次試験の信頼性係数ではあるが，やはり高めに見積もっても 0.90 を超えることはなかったと思われる。しかしここはあえて，ジェンセンの主張する 0.95 に達していたものとしてみよう。これによって推定される得点標準誤差は，前述のように標準偏差を90点として計算すると，(1)式を用いて，

$$\sigma_E = \sigma_X \sqrt{1-\rho} = 90 \times \sqrt{1-0.95} \approx 20$$

となる。95% 信頼区間で考えると，標準偏差90点のテストの真の得点の範

囲として受験者の得点に，ほぼ±40点程度の誤差を認める必要があることになる[5]。これは常識的に想定される誤差よりもかなり大きいが，現実には平均点の変動などの影に隠れて，あまり広く認識されていないのではないだろうか。これは5教科7科目の合計であり，個々の科目レベルでは信頼性はさらに低く，7科目が束になって到達していたのが，さきの0.85なのである。

複数科目それぞれの信頼性係数 ρ_j（j は科目を何らかのルールで並べた番号，$j=1, \cdots, m$ とする）の推定値が得られていれば，それらの合計点の信頼性係数を算出する式として，一般にはあまり知られていないが，次のものがある（Nunnally, 1978）。

$$\rho = 1 - \frac{\sum_{j=1}^{m}(1-\rho_j)\sigma_j^2}{\sigma_X^2} \tag{3}$$

ここで，σ_j^2 は項目 j の分散（標準偏差の2乗），σ_X^2 は合計点の分散である。この式は，項目水準で積み上げる(2)式と異なり，一部の科目にスピードテストが混合していても使用可能であると考えられる。当然ながら，科目得点の信頼性係数 ρ_j が小さいことは，全体の信頼性を低める方向の影響を，多かれ少なかれ，与えることがわかる。

これはあくまでも統計的性質であって，個々の受験者ごとに見れば，大きな「被害」を受けて志望校変更を強いられるケースも稀ではなかったのではなかろうか。

8．数学基礎力テスト

たまたま，令和4年度（2022年度）の日本テスト学会の発表論文抄録集を見ていて，佐々木（2022）を発見した。これは下関市立大学の新入生（3年間）の学生239名に対して，数Ⅰ（5問），数A（5問），数Ⅱ（7問），数B（1問）の合計18問からなる「数学基礎力テスト」を実施した結果であり，正答率，信頼性係数（$\alpha = 0.91$）等の統計測度，ならびに文系理系別（基本的に数Ⅲを履修しているかどうか，2群の学生数はほぼ等しい）の正答率等が報告されている。

問題は，極めて基礎的なもので，教科書で新たな単元の解説の後の最初の

---

[5]　回帰効果を考慮した Kelley の公式や，標準偏差90点の事前分布を仮定する Bayes 統計学による信頼区間はこれよりもう少し広くなる。

例題といったレベルである。このうち，三角関数の加法定理に関する問題を第4項で紹介した。筆者もさすがにこの水準の問題であれば，全問，特に問題なく解答できた。基本的な知識と技能だけが試される問題である。特にトラップ的な要素はなく，解答過程で必要となる因数分解なども中学生レベルのごく基本的なものに限られている。スピードテストではなさそうだが，数ⅠAのみの履修者18名は数ⅡBの問題にまったく正答できていないから，これがやや信頼性を押し上げている可能性はある。しかし，知識・技能の習得・未習得はほぼ確実に見分けられるであろう。

これらの項目には，上記の履修・非履修という点を除けば「共倒れ」の要素はなく，すべての項目は相互に独立した離散的点（discrete point）となっている。高いαの値は，項目間に一定程度の相関があることを物語っているが，その相関の原因は個人間に個々の問題への知識・技能を超えた一般的な「数学の能力」という次元上での個人差が存在することを示していると考えてよい。

数Ⅲまで履修した理系学生は，数Ⅰ，数ⅡBの範囲でも文系学生より高い正答率を示しているが，理系学生でも全項目を通じての正答率は60％を少し超える程度である。この大学はいわば中堅地方公立大学であり，このあたりが大学志願者全体の平均的レベルではないかと思われる。

このテストでは，いわゆる上位大学の受験生の間の「差をつける」ことはできないであろうが，ここには共通テストというものを考える上で，1つの重要な観点が含まれているように思われる[6]。

9. テストの問題は学び方を決める

この数学基礎力テストと「数学Ⅰ・数学A」の（あるいは「数学Ⅱ・数学

6　念のために申し添えるが，筆者は決して現行の共通テストの「数学」を数学基礎力テストに置き換えることを主張しているのではない。もし大学入学者選抜のための試験がこれだけになったときの弊害は，次項で述べるような受験準備教育の弊害より大きいかもしれない。むしろ，数学基礎力テストレベルの知識・技能が，入学試験にせよ卒業資格試験にせよ，受験が終われればさっさと忘れて二度とかかわらないものになるのではなく，一生ものの，あるいは必要なときに短時間の再学習で再生できるような記憶として定着するような教育方法こそ考えられるべきである。共通試験の問題作成方針には，どうやらそういったアイディアが含まれているようであるが，今回，確認のために取り寄せてみた「数学Ⅰ」，「数学A」の最新の教科書がまったく旧態依然としか見えなかったことには，失望を禁じ得なかったのである。

B」の）共通テストの問題との違いは何であろうか。数学基礎力テストの問題に正答するためには，単純な知識と技能があれば足りるが，共通テストの（「基本問題」と呼ばれるような問題を超える困難度の）問題を制限時間内に解くためには何が必要なのだろうか。筆者には，それはより多くの知識と技能を「自家薬籠中」のものとし，それを与えられた問題に対し，適切かつ即座に検索して適用する能力であると考える。それは，単に高度な知識・技能であるのか，思考力，判断力と呼べるものであるのかは，専門家の判断に委ねたい。しかし筆者は，特別な才能をもつ（gifted）受験生以外の者にとって，こうした能力を獲得するためには，より多くの高度な問題を解く訓練を時間をかけて行うしかないと考える。思考力や判断力そのものを，こうした訓練なしに獲得する方法があるとは思われない。

　問題は，こうした sophisticated な高校数学の問題を解き続けることが，高等教育機関やその後の職業生活において数学を必要とする学習者たちにとって，唯一の数学の学び方なのかということである。筆者にはそれが判断できるだけの見識はないが，こうした鍛錬の結果が，単に「大学入学共通テスト」の学力の獲得に終わることを危惧する。この種のコーチングは，ある精神科医による「数学は暗記科目である」という主張（その後撤回されたと承知している）を復活させ，ある実感派経済学者による「退屈な受験勉強を耐え抜いた受験生たちが，その後の日本の高度成長を支えた」という意味の発言を正当化しかねない。そうした時代は遠く過ぎ去ったはずである。

◆◇◆
第４節　まとめと結語

　今回の「数学Ⅰ・数学Ａ」の外部評価においては，「時間の不足による不適切な困難度の高さ」だけが指摘されたが，以下のようないくつかの問題が存在すると思われる。

・１つの問題の解法に多くの知識・技能が詰め込まれ，困難度が高いだけでなく，信頼性の低下を招いている。
・困難度の高い問題を短時間で解くことを求めた結果，妥当性の低下も招いている。たとえば，得点には認知的能力だけでなく，非認知的能力で

あるストレス耐性等が反映している可能性がある。

・問題にリアリティを持たせようとする努力は、問題文に解答と関係のない説明文を加える結果、それも信頼性の低下を招いている。

・以上のような問題の性質は、高等学校や受験産業の教育を共通テストの数学に対応するためのコーチングに過度に注力させる恐れがある。

・総じて、共通テストの選抜における役割の検討に加えて、高等学校段階における数学教育の目的、あり方について一層の検討が望まれる。

　以上、あくまでも筆者の土俵である古典的テスト理論の立場から、共通テスト「数学Ⅰ・数学A」の評価について論じてきた。前述のように著者は数学や数学教育の専門家ではないから、これらは結局「横丁の隠居」レベルの素人談義にとどまることは自覚している。

　しかし、今回の「数学Ⅰ・数学A」の作問には、本稿で明示的にとりあげた事実以外にも、学力の3要素のすべてを共通テストで問うことの要請という大きな問題があったことは疑いがない。この点について、さらに広汎な議論が展開されることを切に望みたい。

文　献

Gulliksen, H.（1950）. *Theory of mental tests.* Hillsdale, NJ: Laurence Erlbaum.

池田　央（1972）. テストⅡ　東京大学出版会

Jensen, A.R.（1998）. *The g-factor: The science of mental ability.* Westport, CT: Prager.

Levy, R., & Mislevy, R. J.（2016）. *Bayesian psychometric modeling.* Boca Raton, FL: CRC Press.

村上　隆（2001）. 第2言語としての日本語能力テストの開発――一般的な問題と固有の困難――　計測と制御, *40*, 576-580.

村上　隆（2011）. テストの理論と大学入試の教育機能　東北大学高等教育開発推進センター（編）高大接続関係のパラダイム転換と再構築（pp.143-166）東北大学出版会

村上　隆（2018）. 高大接続で問われるべき能力と適性とは？　名古屋大学高大接続研究センター紀要, *2-3*, 64-83.

Nunnally, J.C.（1978）. *Psychometric theory*（2 nd ed.）. New York: McGraw Hill.

佐々木　淳（2022）. 数学基礎力テストにおける文科系学生と理科系学生の分析　日本テスト学会第20回大会発表論文抄録集, 112-115.

第 3 章

大学入試改革元年の受験生たちとの対話

南風原　朝和

◆◇◆

第 1 節　対話のきっかけ

　今年（令和 4 年（2022年））4 月に，旧知の弁護士で，東京大学教養学部で 1 〜 2 年生向けの全学自由研究ゼミナールを長年にわたって開講している川人博氏からメールをもらった。「法と社会と人権」がそのゼミの名称だが，通称「川人ゼミ」として知られている（川人，2010）。その川人ゼミの中の教育パートの学生たちから，大学入試のあり方について専門家の話を聞いて学び考えたいとの希望が出ているとのことで，彼らの質問に答えるかたちでレクチャーをお願いできないかとの依頼であった。「今のゼミ生は，ちょうど共通テスト問題で紛糾した時期の高校生でもあり，関心が高いようです」との説明があった。

　平成27年（2015年）1 月に文部科学大臣決定の「高大接続改革実行プラン」が出され，その年の 3 月には筆者も委員として参加した「高大接続システム改革会議」が始まった。そして年度が改まった 4 月以降は，「今の中学 1 年生が大学を受験する平成33年度（2021年度）入試では…」という表現がよく使われたが，そのときの中学 1 年生が現役で進学したとしたら今年，大学 2 年生であり，1 浪していれば大学 1 年生である。まさに「大学入試改革元年」の受験生たちからの要望であり，筆者としてもぜひ対話をしたいと思ったので，喜んでお引き受けした。

　その後は代表の学生と打ち合わせをし，5 月26日に東京大学駒場キャンパスでレクチャーをすることが決まった。そして，それに先立って，参加予定の学生たちの質問や意見をまとめて送ってもらうこととした。以下の各節では，その質問の一部を内容カテゴリ別に整理して示し，それに対して筆者が

レクチャーで話したことを書くことで，当時の受験生と筆者がどのような
「対話」をしたかをお伝えしたい。なお，レクチャーの参加者は28名で，主
に法学部に進学する文科一類の学生が最も多く，次いで，主に文学部，教育
学部，教養学部に進学する文科三類の学生が多かった。

◆◇◆

第2節　改革はなぜ頓挫したのか

大学入試改革が頓挫した経緯については，以下の質問をいただいた[1]。

【質問1】私は1浪したため第1回［令和3年（2021年）］，第2回［令
和4年（2022年）］の共通テストを受験したので，入試改革の一連の混
乱の影響を直接受けた。…入試改革はどの程度の成功の見込みをもって
行われようとしていたのか。

【質問2】自分達学生に直接関わる改革で，振り回された部分も少なか
らずあったので実態がどのようなものであったのか知りたい。

これらの質問に関連して，レクチャーでは以下の話をした[2]。

　大学入試改革の目玉の1つであった，共通テストの枠組みでの英語民間試
験の導入が頓挫した直接的な原因は，「志願者全員が試験を受けられる」見
通しが立たなくなったことである。そうなったことの原因は，「複数の民間
試験のどれを受けてもよい」という制度にしたことである。そのような制度
だと，試験業者にとってみると，自分たちの試験を，何人の受験者が，どの
試験会場で受けるかが，かなり間近にならないと決まらない。会場の設定か
ら監督者等の準備，さらにはタブレットなどの機器の調達など，どの会場に

1　以下，質問の文章はごく一部，表現を整えた以外は原文通りである。質問を書籍等で公開す
ることについては参加学生の了解を得ている。質問には便宜的に番号を付した。
2　以下，煩雑を避けるため，「〜と話した」という表記は省略し，話した内容を通常の文章形式
で示す。また，話した内容は当日使用したスライドやメモをもとに再現するが，書籍の1つの
章として読めるよう，適宜，言葉や内容を足している。

何人が来ても大丈夫，というような準備の仕方はコスト面でも実務面でも不可能である。しかし，万が一にも「会場のキャパシティが足りませんでした」とか「機器が足りませんでした」という状況が生じてはならないわけで，結局，「志願者全員が試験を受けられる」見通しが立たなくなったという次第である。

　試験業者によっては，かなり早めの有料での事前予約を導入することによって確実な実施を目指そうとしたが，それがまた批判を招いたり，こんな場所で試験をするのかというようなところまで試験会場として想定して，これもまた批判されたり，ということで，試験業者にとっても迷惑なことであった。

　なぜそのような問題を生じる「複数の民間試験のどれを受けてもよい」制度にしたかというと，50万人以上もの受験者をさばくには複数の試験業者に分散させる必要があったことに加え，制度設計を始める段階から協力してもらっていた試験業者の一部を外すことはできなかったためであろう。

　次に，大学入試改革のもう１つの目玉であった，共通テストへの記述式問題の導入が頓挫した直接的な原因は，こちらは試験実施ではなく，採点のほうにあった。

　試行試験における記述式問題の採点結果が自己採点と一致しないとか，採点者間でも不一致が生じるとかの問題がクローズアップされるなか，「業者は採点者を適正に選抜し，かつ必要な研修を行う」という説明がなされた。しかし，それによって採点の不一致が解消できるのか，という疑問のほか，質の高い大量の採点者をどこからどのように集めるのか，もしかしたら学生アルバイトにやらせるのか，といった疑問や批判が高まり，持ちこたえることができなくなったのである。

　図３−１は，このようにして大学入試改革が頓挫した後，令和元年（2019年）末に文部科学省が設置した「大学入試のあり方に関する検討会議」で筆者がヒアリングに呼ばれたときに使用した資料の一部である（南風原，2020; 説明の便宜のため，図中に①，②等の番号を付した）。

　図の右端（⑧）の「実施直前の見送り」の直接的な原因が，その１ステップ前の⑤と⑥に書いてある。そのうち⑤の下段，「詰めの甘い制度設計」がいま述べたことにあたる。そして，⑥「工程表最優先・後戻り忌避の姿勢」

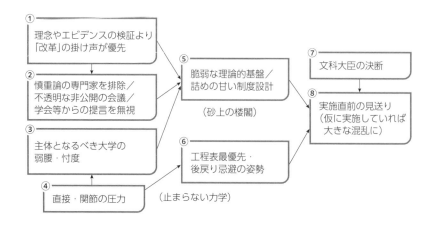

図3-1. 大学入試改革の顛末（南風原，2020）

が，不備のある計画を直前まで止めることができなかったことの原因である。

⑤の上段に書かれている「脆弱な理論的基盤」は，筆者を含め，テスト等の研究者から繰り返し指摘されてきたことである。たとえば，複数の英語民間試験を互換的に使うことについては，成績の比較可能性の問題が指摘されてきた。また，記述式問題の導入については，採点の一致を求めて「誰が採点しても同じ結果になるように」ということを目標にしたら，記述式問題の本来の趣旨を損ねるような設問や採点基準となり，そもそも導入する意味がなくなる等の指摘があった。

これら指摘された問題は，試験会場が足りないとか，採点者が揃えられないといった実務的な問題に比べたら，改革が頓挫した直接の原因とは考えにくいかもしれない。しかし，これらの問題について真摯な検討をしていれば，破綻するような不備のある制度を事前に止めることができただろうから，その意味で，「結果」の直近の原因と考えることができる。

そして，⑤の「脆弱な理論的基盤／詰めの甘い制度設計」は，①の「理念やエビデンスの検証より『改革』の掛け声が優先」されるような雰囲気や，②の「慎重論の専門家を排除」したり，「不透明な非公開の会議」に逃げ込んだり，「学会等からの提言を無視」したりするような後ろ向きの検討の仕方の帰結であり，さらには大学入試に関して「主体となるべき大学の弱腰・

忖度」（③）もその要因となっている。また，政治や財界の意向，あるいは教育行政上の縛りといった「直接・間接の圧力」（④）が③を引き起こすとともに，⑥の「工程表最優先・後戻り忌避の姿勢」につながったというのが筆者の理解である。

◆◇◆
第3節　政策はどのように決められたのか

不首尾に終わった大学入試改革政策はどのようにして決められたのかについて，以下の質問をいただいた。

【質問3】入試改革は，文科省や研究者によって進められたイメージがあるのですが，教員など現場の人々の声はどれほど反映されていたのでしょうか。そもそも，概して，教育政策・行政にはどれほど現場の声が聴き入れられているのでしょうか。

【質問4】日本の省庁の中でも代々文科省には優秀な人材が行かない傾向にあり，それが日本の教育政策の混迷の一因となっているのではないか。

図3-2は，図3-1と同じ会議のヒアリング資料である（南風原，2020）。この資料は，共通テストに英語民間試験を導入することに伴って，これまで大学入試センター試験の英語で出題されていた発音・アクセント問題や語句整序問題を廃止することが決められた経緯の一端を示している。

この中で，「平成29年度英語力評価及び入学者選抜における英語の資格・検定試験の活用促進に関する連絡協議会」の委員である安河内哲也氏が，発音・アクセント問題や語句整序問題が「よく問題になるように悪いウォッシュバックを起こしている」と指摘し，これに対して，大学入試センター審議役の大杉住子氏が，「安河内委員が御指摘いただいた内容を踏まえて作問の改善を議論しております」と答え，安河内氏の意見の方向で作業を進めつつあることを説明している。

> ## 共通テスト英語の発音・アクセント問題，語句整序問題を廃止することの「決定」経緯
>
> 平成29年度英語力評価及び入学者選抜における英語の資格・検定試験の活用促進に関する連絡協議会（第1回，2007（平成29）年9月7日）議事録より
>
> https://www.mext.go.jp/b_menu/shingi/chousa/shotou/134/gijiroku/1397076.htm
>
> 【安河内委員】さらに現在の大学入試センター試験には間接測定という領域，いわゆる1番から3番までのスピーキング・ライティングを間接的に測定しようとする整序問題，文法問題，発音問題があります。これが，よく問題になるように悪いウォッシュバックを起こしている。これをそのまま2020年度以降も残してしまうのか。
>
> 【大杉審議役】入試センターで作問担当の大杉と申します。（中略）本年度2月に英語のプレテストを実施させていただく予定ですけれども，ここで今も作問の先生方，安河内委員が御指摘いただいた内容を踏まえて作問の改善を議論しておりますので，2月のプレテストにおいて全国の高校でその具体的なものを実施させていただく。

図3-2．大学入試に関する方針決定過程の例（南風原，2020）

　これは国が設置した会議体の中で，専門家が専門の立場から発言し，それを受けて試験作成側が答弁しているもので，それ自体は何も問題はない。

　しかし，安河内氏が指摘している「悪いウォッシュバック」，つまり学習に対し悪い波及効果があるかどうかについて，専門家の意見が一致しているわけではない。むしろ良い面があるから大学入試センター試験で長年にわたって出題され，また大学の個別試験でも採用されているのではないかという意見も説得力をもつ。となると，「専門家」として誰を委員に登用するかということが，こうした会議体を通しての方針決定には重要な意味をもつことがわかる。その委員の選出は会議体を設置する役所（いまの例では文部科学省）が関連団体（いまの例では大学入試センターなど）の意向も聞いて行うことからすると，会議体での審議の方向性は初めからある程度決められている場合も少なくないだろう。

　また，これも実際に身近で見てきたことであるが，委員選出の際の見通しを誤って，委員が想定していた方向に反する発言をすることがあり，その場合，その委員を外した小委員会を構成したり，きりの良いところで委員を交代したりするようなあからさまなことも起きる（図3-1の②「慎重論の専門家を排除」）。

　質問３の「文科省や研究者によって進められたイメージ」は間違いではないが，「研究者」はある意図をもって「選ばれる」ということである。

　質問３には「現場の声」がどの程度反映されるものかという内容も含まれているが，これについては，会議体が「パブリックコメント」を募集して，一般の人たちの意見を収集することがよくある。収集された意見は整理されて公表されたり，会議体の中で資料として配付されたりするが，それが方針決定過程にどの程度の影響を及ぼすかは不明である。

　結局のところ，会議体での審議の方向性が初めからある程度決められているとしたら，その方向性がどのように決められるかが重要である。筆者の観察した範囲では，影響力のある政治家や，その政治家が頼っていて，その意味でバックアップをもっている「専門家」の考え，あるいは財界からの，政治への影響力を背景にした発言，そして場合によっては発言力のある官僚などが，その決定に大きく関わってきたように思う。少なくとも，あえて多様な声が出るような場を積極的に設定して，そこでのエビデンスの提供や論理的な議論で，より説得力をもった意見によって方針が決まるというのが一般的ではない，ということは，残念ながら言えるのではないだろうか。図３−１の①〜④がこのことに対応している。

　児美川・前川（2022）の対話本の中で教育研究者の児美川孝一郎氏は，以下のように述べている。「教育というものが，いかに政治や経済や社会の影響を受け，教育政策や行政のプロセスが，いかに諸々の力学による紆余曲折を余儀なくされるのか。…そうしたなかで，文部省（文科省）も揉みくちゃにされ，教育そのものも強大な権力や経済の力に押しまくられ，隘路や袋小路に追い込まれてきたのが，この30〜40年ではなかったか。」この指摘からも，個々の重要な政策決定が，具体的にどのようになされたのかを明らかにするのは大事な作業のように思う。

　これとは別に，質問４は「優秀な官僚」に言及している。優秀な官僚とは何なのか。これに対する直接的な答えではないが，教育社会学者の苅谷剛彦氏は以下のように述べている（苅谷，2020）。「今回の大学入試改革が，教育基本法改正→学校教育法改正→学習指導要領改訂→文科省による解説というように，上（上位法）から下（下位法）へと，『法を道具にして統治する』アプローチを通じて実施に向け行われてきた。」このような上から下への改

革の実行が官僚の役割であるならば、それぞれのステップを着実にこなすことが、求められる「優秀さ」なのであろう。図3-1の⑥の「工程表最優先・後戻り忌避の姿勢」もそうした要請の表れと言える。

　文部科学省の官僚の優秀さについて、筆者は質問4の質問者には必ずしも同意しない。上述の意味できわめて優秀で、誠実に仕事に打ち込む方々を何人も見てきたからである。一方で、苅谷氏の言う「法を道具にして統治する」アプローチの中で、その流れに異を唱えて、たとえば今回頓挫したような不備のある改革案に自らストップをかけるような「優秀さ」が官僚に期待され、その期待に添わないときに批判がなされたりすることがあるが、そのような優秀さは、官僚機構の内部で求められる優秀さとは異質のものなのだろう。

第4節　思考力の評価はどうするのか

どうすれば思考力を問う試験が可能になるかについての質問もいただいた。

【質問5】共通テスト…私の体感では、問うている内容の難しさもさることながら、読むべき文章が多すぎて時間が足りないというのが、難化した大きな要因だと思っています。記述式の導入はおそらく不可能なので、こうした日本語を読ませることで思考力を問う姿勢は評価できると思うのですが、先生はどうお考えでしょうか。

【質問6】入試に応じて教育が変わるという点がおおいにあるので、暗記偏重のものから思考力重視のものへ、リーディング偏重のものからリスニング重視へと変えることには意味があるのではないか。

　今般の大学入試改革では、「知識・技能だけではなく、思考力・判断力を問う」ということが繰り返し謳われた。記述式問題の導入も、客観式問題では思考力を問うのに限界があるため、ということが理由とされた。上記の質問は、こうした考え方を共有したうえで、どのようにして思考力を評価して

いくかを問題にしている。

　筆者には，これらの質問も，また他の多くの言説も，「思考力」というものがしっかりと概念化されているという前提で語られているように思う。「思考力」とは何をどうする能力なのか。これはどれくらい明確に定義され共有されているのか。

　大学入試センターは大学入学共通テストを実施した後，「問題評価・分析委員会報告書」を刊行し，実施した問題について，高等学校教科担当教員や教育研究団体の意見，そして問題作成部会の見解を掲載している。そのうち，令和３年度（2021年度）の大学入学共通テストの「世界史Ａ」の評価に関して，高等学校教科担当教員が以下のように述べている（大学入試センター，2021，p.30）。「外部評価分科会では，各設問を『知識・技能』『思考・判断』の２つに分類し，『思考・判断』を評価する問題の割合を算出しようと試みたが，何をもって『思考・判断』とするのかにおいて議論が紛糾した。」

　つまり，教科の専門の教員が集まっても，ある問題が思考力や判断力を評価するものか，あるいは知識・技能を評価するものかの分類が難しく，議論が紛糾するほどなのだ。

　このことは一方では「知識」をどう見るかということと深く関連している。質問６に「暗記偏重」という表現があるが，大学入試改革の議論では，「暗記・再生」とか「知識偏重」という言葉が頻繁に出てきた。そこには，知識というものは暗記して再生するものという狭い見方が反映されているように思う。だからそういうものを「偏重」してはならない，という考え方になる。

　知識は多様である。よく例に挙げられるような「○○時代の始まりは△△年である」というような断片的な知識もあれば，その○○時代が始まるに至る歴史的経緯についての，より包括的な知識もある。また，一見関係がないと思っていた出来事の間に共通の原因があることがわかって，知識が整理・統合されることがある。そうした知識の変容をもたらすのは外部からの入力情報であったり，自身の思考であったり，言語化の作業であったりする。つまり，思考や表現によって，知識が更新され，より質の高いものに変容していく。そうした知識は新しい事態に遭遇したときの理解や思考や判断を助けるものにもなる。

　このようにして洗練され作り上げられる知識は，いくら尊重してもし過ぎ

ることはないものであり、「知識偏重」という批判は当たらない、と筆者は考えている。記述式問題の導入が、そうした狭い「知識」観と、曖昧な「思考力」幻想から発想されたと考えられる点も、先に見た図3-1の⑤「脆弱な理論的基盤」に該当する。

　ところで、先に、大学入学共通テストの問題について、何をもって「思考・判断」とするかにおいて議論が紛糾したという話を紹介したが、一方では、「これは思考力を評価する良い問題だ」というような判断をしているグループもある。そこでは、教科書で提供されている個別の知識だけでは正答することができず、複数の情報を比較したり総合したりする作業を必要とする問題とか、日常場面で対話を通して問題解決する状況の中で考えを問う問題などが思考力を問う問題とされることが多いように見受けられる。そして、いったん、このように設問のタイプと「思考力の評価」が結び付けられると、そのようなタイプの設問が多く作られるようになり、ややもすると、そのこと自体が目的化されかねないように思われる。

　問題作成においては、そのように設問のタイプと〇〇力といったものを短絡的に結び付けるのではなく、どのような内容の知識、そしてどのような知的操作を求めるのかを明確にし、それにふさわしい設問形式を考えるという順番でなければならない。

◆◇◆
第5節　英語能力のバランスよい評価とは

英語4技能の評価のあり方については、以下の質問をいただいた。

【質問7】英語では4技能満遍なくとはいかずにリーディング、リスニングのみが重視されている。よって、教員側のインセンティブとなっている大学入試において、指導要領に沿った満遍なく問う形にすることで、高校での指導を変える、というように先生の対談などから私は読み取ったが、その理解で合っているか。

まず、その読み取りは違っていて、筆者は学習指導要領に沿った形に指導

を変えるとか，それを入試によって実現するという発言はしていない。むしろ，もし学習指導要領と学校現場の指導の間に乖離があるとしたら，学習指導要領の側に，現実離れした要請や，学術的な見解をふまえていない内容があるのではないかを検証する必要があると考えている。

　質問にある「４技能満遍なく」は，大学入試改革の議論では「４技能バランスよく」という表現がよく使われていた。そして，英語民間試験について，４技能のテストの配点を均等にするよう要請したり，一次試験の合格者のみに二次試験で口頭面接を課す方式をとっていた試験に対して，最初から４技能を評価しないと「大学入試英語成績提供システム」に参入できないとして改めさせたりしていた。

　しかし，思考力と同様に，「何をもって良いバランスとするか」については明確にされていない。均等配点した４技能テストのそれぞれに同じ程度の得点をとったとしても，それが何か良いことの証明にはならない。

　この問題に関しては，日本学術会議の言語・文学委員会の文化の邂逅と言語分科会（2020）の提言が参考になる。その提言では，「『４技能をバランス良く』育成するということについて言えば，言語を用いたやりとりの中で，通常は，内容的な面で受容の力（聞いたり読んだりして理解する能力）を超える産出の力（話したり書いたりすることによって伝える能力）を持つことはない」（p. 3）としたうえで，「受容の力と産出の力のギャップを自然な状態として認め，受容の力が産出の力を牽引することができるようなバランスこそが重要である」（p. 4）と述べている。受容の力と産出の力がどのように習得され，どのような影響を与え合うかをふまえた提言である。そして，「大学入試改革によって中等教育に影響を与えるという発想には無理があり，バランスの良い英語力の育成を目指すのであれば，何よりも中等教育の教育環境の改善および教育内容の総合的な改革と，それを受けた大学における英語教育強化の方が優先されるべき課題であることは言うまでもない。このような教育改革の議論を措いたまま，『書く』，『話す』力を強化することを目指して入試改革を行うのは，教育現場に混乱を招くだけである」（p. 4）として，大学入試改革および教育改革のあり方についても提言している。

　これに加えて，筆者が大学入試との関係で思うのは，大学での専攻内容によっても，英語のどのような技能がより強く求められるかに違いがあること

である。たとえば，英語の研究論文を読み込んで批判的な議論をしたり，そこから研究の発想を得たりするような場合は，何よりも正確に「読む」力が必要であり，それが中途半端では話にならない。一方，より実用的な専攻では，「話す」力により重点が置かれることがあるだろう。単に「バランス良く」というだけで一律の評価方法を導入するのではなく，こうした，大学教育で実際に求められる内容をふまえた評価のあり方も考える必要があるだろう。

◆◇◆
第6節 格差の問題

「法と社会と人権」という名称の川人ゼミの学生らしいと思ったのが，格差や公平性についての質問が多かったことである。以下はその例である。

【質問8】 入試改革について考える際，試験の公平性について考えました。例えば「主体性」を測るテストなどに比べると，ペーパー試験は客観的で公平に思います。自分自身も受験生の頃はそう信じて疑いませんでした。しかし，それは勉強に専念できる環境や，機会があってこそであると考えます。受験は公平なように見えて，格差を再生産しているだけだという意見もあります。今後，将来を見据えたときにペーパー試験から離れて，より"公平"な試験形態を目指すことはあるのでしょうか？ それとも，ある程度の"不公平さ"よりも，効率性や一定の"客観性，公平さ"を重んじて，ペーパー試験が続くのでしょうか？

【質問9】 アメリカのSATのように共通テストを複数回行い，収入に学歴が影響されないように受験料は無料にすべきだと思いますが，それは難しいのでしょうか。

主体性の評価と称して，海外留学などの特別な経験をしたことが評価され，結局は経済的に恵まれた層が有利になっている現状の問題点をつき，そのうえで，これまで公平だと考えていたペーパー試験も実は，受験に至るまでの

環境の格差を反映するものになっているのではないかとの指摘は重要である。

　受験生のバックグラウンドの多様性についての問題意識がより強いアメリカでは，質問9で言及されているSATやACTなどの共通テストを入学者選抜に使わない方針を打ち出す州も出てきている。確かに，ペーパー試験そのものがある種の公平性を阻害しているという側面は否定できないように思う。その一方で，SATやACTを使用しない代わりに，どのような選抜方法をとるのか，それは本当に公平なのかというと，それはそれで議論の余地が残るだろう。

　これらの質問の内容に限らず，大学入試では，公平・公正に関する議論が絶えることがない。この難しい問題に正面から取り組もうとした著作が西郡（2021）である。その中では，大学入試における公平・公正の問題へのアプローチとして，(1)受験者間の格差や機会均等などに社会学的な視点から迫るもの，(2)テスト理論の立場から，テストの妥当性の問題として扱うもの，(3)個人の主観としての公正感に注目するものの3つを取り上げている。そのうち同書では，主に3つめのアプローチに基づく研究が報告されており，どのような入試であれば人は公平・公正と感じるのかが，社会心理学的な視点から検討されている。そこには，「選抜試験において誰もが満足するような公平性の確保を実現することは不可能であるという前提に立ち，いかに個人の不公正感を軽減させ，その公正感を高めていくかというような観点に基づく選抜試験を目指す」（p.41）という基本的スタンスが表れている。

　質問8の，今後もペーパー試験が続くのか，それとも，より"公平"な試験形態を目指していくのか，についても，関係者の公平感がどのようなもので，今後どのように変化していくかに依存するのであろう。ただ，一方で，人々が公平に思う試験が，実は測りたいもの以外の影響を大きく受けて妥当性を損なうものである可能性もあり，それを上記(2)のテスト理論的アプローチから明らかにしていくことも必要であろう。

第7節　共通テストの自己採点方式について

　大学入学共通テストの前の大学入試センター試験，そしてその前の共通第
1次学力試験から続いている自己採点方式についての質問もあった。

【質問10】入試改革とは別かもしれませんが，共通テストの結果を大学
の本試験出願前に知ることができるような仕組みを作るべきだといつも
思っていますが，できないのでしょうか。

　主テーマとは外れるかもしれないと思いつつも質問をしたということは，
それだけ強い疑問，要望だったのだろう。

　大学入試センターの関係者2名にインフォーマルにこの質問を伝えてみた。
お一人の方からは，現行の一般入試のスケジュールからすると，共通テスト
の実施，採点，結果の受験生への報告，出願，大学への成績提供といった一
連の流れをこなすのはほとんど至難の業であること，ネットなどを利用して
結果を配信するシステムについても，規模が非常に大きいため，いろいろな
トラブルが起こる可能性があること，受験生からの情報公開などの申立に対
応するなどの業務がその間に増え混乱が起こる可能性もあることから，今後
も自己採点が可能な方式を確保して対応していくことになるのではないかと
の見解をいただいた。

　これに対し，もう一人の方からは，自己採点制度というおかしな制度を一
刻も早く廃止すべきだと思っていること，試験をやりっぱなしで，成績を出
願に間に合うように受験生に返さないというのは試験の実施機関である大学
入試センターは責任を果たしていないと思うこと，この制度の存続を望んで
いるのは大学入試センターだけではないか，学生さんはこの制度の恩恵を全
く受けていない，なぜ廃止が大きな話題にならないかは謎である，学生さん
にこの辺もっと声を上げるように言っていただけるとよいのではないか，と
の対照的な意見をいただいた。テスト理論的にもこの制度が素点絶対主義を
助長し得点の標準化・尺度化を阻んでいるとの説明もあった。

　評価のフィードバックの望ましいあり方と現実の制約とのはざまで，大学

入試センターでも苦悩しているのが実態のようである。

◆◇◆
第８節　レクチャーが終わって

　筆者のレクチャーの後，何人かの学生から発言があった。一人の学生は教育環境の格差のことに触れ，「話を聞いていて，もやもや感が増してきた。格差が解消される方向に進んでいない。格差社会の象徴のような東大にいて，自分は何ができるのか悩んでいる」という趣旨の発言をされた。第６節に書いたように，筆者からは公正感に着目した取り組みを紹介したが，それでは格差解消は達成できないと感じたのであろう。

　ちなみに，その場で挙手で答えてもらったところ，参加者28名中，22名が国私立の中高一貫校の出身であった。自分たちが進学に関して恵まれた環境にあったことやその意味について，ゼミ等で考える機会が多かったのだろう。

　また，第３節で言及した，政策決定過程における現場の声の反映に関して，「高校のときに友人が，英語民間試験の導入に反対するデモに参加するのを見ていたが，自分はそういうことをしても無駄ではないか，計画はそのまま実行されるのではないかと思っていた」という趣旨の発言があった。その後の経緯を見て，声を上げることの大事さ，それが結果を変える可能性があることに気づいたのではないだろうか。

　それから，レクチャーの中で紹介した，事前に集めた質問・意見の中に，自分とは考えがだいぶ違うものもあったとの感想を述べた学生もいた。今回の企画が，筆者との対話だけでなく，同世代のゼミ仲間との間接的な対話にもなったようである。

　これら当日のやりとりの他，後日，意見や感想を集めて送ってもらった。以下にその一部を抜粋する。

・現実に，現在の教育には欠陥がある，加速する時代の流れについていけないという問題意識は国民の中に充満しています。今回の大学入試改革は現状を前に進めるための「理念」としてはアリだったのだと思っています。

- 現状として暗記偏重な教育に陥りがちであるのは間違いない。そこを是正するためのある程度の改革は必要であり，その意味で共通テストの読解力を問おうとするアプローチは評価に値するとは思う。
- 共通テストが迷走してしまった一因として，「止まらない力学」が印象的でした。国家公務員総合職に就きたいと思っている身として，いつでも方向修正ができるように，複数パターンのシナリオを想定するなど，共通テストに関しても何か打開策があったのではないかと思いました。
- 根幹となる意思決定の部分は非専門家のキーパーソンの抽象的な言葉で規定されてしまい，研究者の声さえ反映されていないということに驚いた。
- 目的の達成度のみならず目的自体について問う視点は私にとって新しかった。また，目的をはっきりさせることが教育をより良いものにするカギを握るのかもしれないと思った。
- 行政に財界の影響が及ぶことは仕方ないと思いますが，それが間違った方向に進まないように，本来教育がどうあるべきかについて学会その他現場の声を聴いて，世論形成していくことが必要なのではないかと思いました。
- まずは当事者の声から聞こう。改革を担う人たちに，そう伝えたい。
- 反対派の専門家を排除するという言葉には，グサッと来るものがあった（心当たりが自分にもあった）。
- 上位法から下位法へという法治主義とエセ演繹法は元来実践・臨床的な教育には馴染まないにもかかわらず，法律に書き込まれると役人はそれを遵守しようとするということが，4月から法学部の勉強が始まったこともあって，非常に容易にイメージできた。
- 本来どのような学生を求めるかは大学が主体的に決めるべきことだ，というのが今まで疑問に思っていた部分が言語化された気がして腑に落ちた。また，思考力という言葉はこれまで何度も聞いてきたが，実際思考力が何を指すのかはよく分からない，というのが正直な思いである一方，分からないとは言いにくい風潮もあると感じていた。
- 思考力は例示的定義しかできないものであり，そもそも数十分のテス

トで測れる能力として設定すること自体がおかしいと思いました。
・「思考力」とは「自ら答えを導き出そうと努力すること」だと思う。
・用語の定義を逐一確認しながら進めることの大事さを学んだ。
・入試を完全に公平なものにすることは不可能なので不公正感を減らし
　ていくということが，腑に落ちなかった。たしかに入試を公平なもの
　にするのは不可能だが，だからといって不公正感を軽減すれば，既存
　の格差が不可視化・正当化されてしまうのではないかと思ったからだ。
・都心と地方，国公立と私立などの地方格差，教育格差をイーブンに，
　公平に近づけることは可能なのかと疑問に感じた。アメリカなどと異
　なり格差も比較的小さいと思われる日本だが，大学進学率が上がって
　いる現状，教育格差は広がっていく可能性が高いと思う。その中で１
　つの試験を持続するのは難しいとも感じた。
・講義出席者の中で公立中学校出身者が少ないことも印象的だった。
・自己採点方式については，大学入試センター内部からも疑問視する声
　が上がっていると知り驚きました。やはり本試験前に開示してほしい
　とは思いますが，不憫な大学入試センターにそれを求めるのは酷で
　しょう。
・教育だけでなく政治に対して関心を持ち，必要であれば実際に行動を
　起こすことが大切だと強く意識しました。その行動の１つが選挙に行
　くことだと思うのでやはり投票は大事だなとも思います。
・講義を聞いて自分の中で消化しきれていない論点も多くあるので，そ
　れについては今後考え続けたいと思います。

　これらを読むと，筆者の言葉が足りず，伝えきれなかった部分があること
に気づくとともに，参加学生から短いことばで伝えられた意見・感想について
もっと深く聞きたいと思った。なんらかの形で「対話」が続けられたら，
と思う。
　最後に，今回の「対話」のきっかけをくださった川人博弁護士と，事前・
当日・事後の諸々の調整を完璧にこなしてくれた学生代表の東京大学教養学
部２年の奥田健太郎さんに感謝の意を表します。ありがとうございました。

文 献

大学入試センター（2021）．令和 3 年度大学入学共通テスト問題評価・分析委員会報告書（1 月16日・17日）　大学入試センター　Retrieved from https://www.dnc.ac.jp/kyotsu/hyouka/r3_hyouka/r3_hyoukahoukokusho_dai1.html（2022年 9 月28日）

南風原 朝和（2020）．「大学入試改革」ここまでの振り返りと若干の提言　文部科学省「大学入試のあり方に関する検討会議」（第 7 回）資料 4　Retrieved from https://www.mext.go.jp/content/20200513-mxt_daigakuc02-000007071_6.pdf（2022年 9 月28日）

苅谷 剛彦（2020）．「法治主義」的教育改革の誤謬　科学，2020年 4 月号，0313-0317.

川人 博（編）（2010）．東大は誰のために――川人ゼミ卒業生たちは今――　連合出版

児美川 孝一郎・前川 喜平（2022）．日本の教育，どうしてこうなった？――総点検・閉塞30年の教育政策――　大月書店

日本学術会議言語・文学委員会文化の邂逅と言語分科会（2020）．大学入試における英語試験のあり方についての提言　日本学術会議　Retrieved from https://www.scj.go.jp/ja/info/kohyo/pdf/kohyo-24-t292-6.pdf（2022年 9 月28日）

西郡 大（2021）．大学入学者選抜における公平性・公正性の再考　倉元 直樹（監修）西郡 大（編）東北大学大学入試研究シリーズ第 4 巻　大学入試の公平性・公正性　金子書房

第 **2** 部

教育行政と教育現場との「対話」

第4章

大学入試のコンプライアンス
——COVID-19対応と未履修問題から見た行政と現場——[1]

倉元　直樹

第1節　わが国における大学入学者選抜制度の構造

1．試験に基づく選抜

　わが国の大学入学者選抜制度を顧みたとき，そこには2つの大きな特徴が見出せる。

　1つ目の特徴は，大学入学者選抜を「大学入試」と表現していることである。日常的に用いられている大学入試ということばには「『大学入学者』の『選抜』に『試験』を用いる（倉元，2020a, p. 6）」という暗黙の前提がある。たしかに，試験（以後，テストと表記する）の成績を大学入学者選抜の主要な評価基準として用いる方法は，世界的に見ても主要な位置を占めてきた。しかし，「大学入学者選抜とは，基本的にテスト成績に基づいて合否を判定する制度である」と言い切れるほどにテストに基づく選抜が圧倒的多数を占めるかというと，現状はそうなっていない。例えば，アメリカ合衆国では，書類審査によって大学入学者の選抜が行われるのが標準だが，その資料の中でSATやACTなどの標準テストの成績が重要な位置を占めてきた。しかし，近年では，標準テスト成績の提出を求めないテスト・オプショナル（test optional）や，提出したとしても選考の対象としないテスト・ブラインド（test blind）の仕組みを取り入れる大学が多くなっており，新型コロナウイルス感染症（以後，COVID-19と表記する）の影響下では，それがさらに加速し

1　本稿は，第36回東北大学高等教育フォーラム「大学入試政策を問う——教育行政と教育現場の『対話』——」（令和4年（2022年）5月18日において，基調講演2「大学入試のコンプライアンス——未履修，入試ミス，そして，コロナ対策——」として発表した内容を踏まえた書き下ろしである。

ているという（福留・川村，2023）。

２．大学入試の３つの区分

　わが国の大学入学者選抜制度には選抜の時期と方法によって３つの選抜区分が設定されている。令和３年度（2021年度）入試からは名称が変更されたが，おおむね従前の仕組みを踏襲したものであり，定着しているものと考えられる。

　１つ目は「一般選抜」であり，従前は「一般入試」と呼ばれていた。テストに基づく伝統的でオーソドックスな選抜が行われる区分である。国公立大学では，１月に行われる大学入学共通テストと各大学による個別学力検査の組合せで選抜を実施する。昭和54年度（1979年度）に国公立大学に共通第１次学力試験が導入されて以降，不動の仕組みである。私立大学には様々なパターンがある。

　２つ目は「学校推薦型選抜」である。募集期間は一般選抜より早く，11月以降である。調査書を主な選抜資料とし，学校長の推薦に基づいて選抜が行われる区分であり，従来の「推薦入試」がこれに当たる。歴史は比較的古く，公式には昭和42年度（1967年度）入試から存在する。大学入学者選抜実施要項[2]には，令和２年度（2020年度）入試までは「原則として学力検査を免除し」という文言が入っていたが，令和３年度（2021年度）入試に学校推薦型選抜となってからは，逆に「大学教育を受けるために必要な知識・技能，思考力・判断力・表現力も適切に評価する」ために，推薦に関わる提出書類以外の選抜資料を加えることが推奨されるように変わった。

　３つ目は今世紀になってから本格的に普及した「総合型選抜」であり，以前は「AO入試」と称されていたものである。かつては募集期間に制限はなかったが，現在は９月以降とされている。３つの区分の中では最も早い時期から始まる。自己推薦に基づく制度だが，本質的には各大学による「自由設計入試」と言える（倉元，2009）。

　現在，各大学は募集人員を分割して，これらの３つの選抜区分に属するい

2　毎年，５月下旬頃の日付で，文部科学省高等教育局長名で通知される大学入学者選抜に関わる行政指導文書。特に注記がない場合，本書の記述は令和５年度（2023年度）入試に関わる通知に基づく。

くつかの受験機会に割り振る形で，何種類もの入学者選抜の機会を用意するのが普通となっている。例えば，筆者が属する東北大学では，学校推薦型選抜を実施しない代わりに，総合型選抜に「AO 入試Ⅱ期（総合型選抜）」，「AO 入試Ⅲ期（総合型選抜）」という 2 種類の受験機会を設けており，一般選抜では，後述する国立大学協会（以後，原則として国大協と表記する）の取り決めに則って，前期日程，後期日程という 2 回の受験機会を用意している。基本的には10学部（うち 1 学部には「文系入試」，「理系入試」の 2 種類がある）11学科（うち 1 学科では 3 専攻ごとに募集区分が設けられている），計14種類の募集単位が上記の 4 回の機会に募集人員を割り振っているが，募集単位によっては実施しない区分もあり，その組合せで全体の入試が設計されている。なお，2 つの学部の一般選抜では，選抜方法は全く同一ながら受験生はそれぞれ 5 種類の学科や系と呼ばれる教育プログラムの中から順位をつけて 2 ～ 3 コースを同時に志望できる仕組みを取っている。なお，この他に募集対象となる志願者の層が異なる各種の特別選抜の区分がある。あえてことばだけで表現すると極めて複雑で分かりにくい。しかしながら，他大学と比較すると東北大学の入試の構造は総体的に単純な部類に属する。それほどまでに，わが国の入学者選抜制度は複雑なシステムと化している。

3．縮みゆく一般選抜

　繰り返しになるが，大学入試という用語に象徴されるように，大学への入学者がテストによって決定されるという常識は過去の話である。私立大学で初めて一般入試（当時）による入学者が半数を切ったのは平成19年度（2007年度）入試のことであった。国公立大学では今でも一般選抜の募集人員が大きいが，それでも令和 3 年度（2021年度）入試では国公私立大学全体で一般選抜の入学者の割合が 5 割を割り込んだ。現在，日本全国で過半数の大学生は一般選抜以外の区分で誕生している。一般選抜はもはや，「一般」の名に値するような圧倒的かつ支配的な制度ではない。

　もちろん，後述のように制度上は一般選抜といえどもテスト成績のみで合否を決める仕組みとはされていない。逆に，学校推薦型選抜や総合型選抜でもテストが用いられるケースは普通にある。それでも一般選抜の比率の縮小は「テスト不要の大学入試」が広がっている象徴である。

4．個別大学の権限と責任

わが国の大学入学者選抜制度のもう1つの特徴は，入学者選抜の権限が各大学にある，ということだ。裏返せば，大学入試の責任も各大学に帰せられる。先述の大学入学者選抜実施要項の冒頭でも，大学入試の主体は大学であるということが明示されている。

世界的に見れば地域によって入学者選抜の主体に関する考え方にはかなりの違いがある。アメリカ合衆国は日本と同じように個別大学が大学入学者選抜の主体である。一方，ヨーロッパでは，事実上選抜が行われていても，入学資格を持って入学を希望する志願者を大学が受け入れなければならない。それが理念である。ドイツの一部の学部で行われているような入学制限（numerus clausus）といった制度は，高等教育が完全に大衆化した現在でも，建前上，原則を外れた例外と看做されている。

大学入学者選抜の主体であると言っても，個別大学が好き勝手に入学者を決められるわけではない。大学入学者選抜実施要項には，各大学は一貫した卒業認定・学位授与の方針（ディプロマ・ポリシー），教育課程編成・実施の方針（カリキュラム・ポリシー）を踏まえて定める入学者受入れ方針（アドミッション・ポリシー）に基づいて行われると定められている。合理的な選抜方法があらかじめ設定され，その手続きに従って入学者を決定することが当然の前提である。しかし，最終的にどの受験生に入学許可を出すかを決定する権限は大学にあり，外部が介入する余地はない。「自らが教育する学生を自らが選ぶ」という理念が日本の入学者選抜制度の基盤にあることは重要だ。この点は，学生の教育から切り離されたアドミッション・オフィスが入学者選抜の実務を担っているアメリカ合衆国の制度とも一線を画している。

5．国立大学協会

ただし，国立大学の場合，一般社団法人国立大学協会（国大協）という中間組織が入学者選抜について一定の取り決めを行う仕組みがあることには注意が必要だ。大学入学者選抜実施要項には「国立大学の入学者選抜の日程等は，国立大学協会の定める実施要領に基づき実施される」とある。毎年，一般選抜前期日程の個別試験がおおむね2月25日と26日，後期日程試験が3月12日に行われているのは国大協の実施要領に基づく。試験日の統一は受験生

にとっては受験機会が限られるため，自らが学びたい魅力を感じる大学を事前に絞り込む契機となる。国公立大学に限っては多数の大学を適当に受験してたまたま合格した大学に入学する，といった行き当たりばったりの受験行動を抑制する仕組みとなっている。大学側も貴重な受験機会を自らの大学に振り向けてもらうためには，受験生をひきつける努力が欠かせない。大学が一方的に受験生を選ぶのではなく，大学と受験生の関係は相互選択の時代と言われて久しい。異論もあるだろうが，その前からある入試日程の統一の仕組みには，相互選択を促し，入学後の不適応を未然に防止する意義がある。

　入試日程に関する最近の動きとしては，COVID-19関連の特別措置が記憶に新しい。令和3年度（2021年度）入試から一般選抜の追試験が実施されてきた。国立大学の実施日が原則3月22日とされたのは，国大協の取り決めに基づく。通常の日程に無理やりはめ込んだための不具合も生じたが，4月から円滑に新学期を迎えるためのギリギリの調整役を国大協が担ったかっこうである。

　一方，国大協はさらに踏み込んだ方針に関する取り決めを行うことがある。絶対的強制力を持つわけではないが，国大協の基本方針は各国立大学の意思決定に大きな影響を与える。本格的な議論を経ることなく，令和3年度（2021年度）入試から開始されるはずだった英語民間試験の活用や大学入学共通テストで課される予定だった記述式問題の利用方法（国立大学協会，2017），さらには，後述するように，令和7年度（2025年度）入試から大学入学共通テストに新しく導入される「情報Ⅰ」を全ての国立大学で課すとした基本方針（国立大学協会，2022）には異論が噴出した。

　なお，公立大学も一般社団法人公立大学協会が方針を定め，それに準じた入試を行っている。入試日程などは国大協とおおむね歩調を合わせており，国公立大学全体としての秩序が保たれるようになっている。

　一方，私立大学にはそのような取り決めはなく，文部科学省から通達される入学者選抜実施要項に沿って各大学が自らの大学の入学者選抜を実施するのが基本となる。

6．2つの特徴と大学入試政策

　テストに基づく選抜という，わが国の大学入学者選抜に関する1つ目の特

徴は，長年の間，政策的に脱却が試みられてきた。例えば，大学入学者選抜実施要項の一般選抜の項には選抜資料が例示されているが，その冒頭には学力検査ではなく調査書が掲げられてきた。実質的にはテストによる選抜が行われてきた一般選抜においても，テストは単に様々な選抜資料の１つという扱いなのである。現在の制度は理念と運用実態が乖離し，建前と現実が錯綜している。

　一方，個別大学が大学入学者選抜の主体であり，大学入学者選抜は大学の行うべき重要な活動だという，２つ目の特徴は，わが国の大学入学者選抜の基本理念として政策的に守られ続けてきた。

◆◇◆

第2節　コンプライアンスと大学入試

1．コンプライアンスと入試ミス

　コンプライアンスということばが一般に広く知られるようになったのは，比較的近年のことだろう。コンプライアンスは直訳すると「法令遵守」となるが，企業や組織が法令や規則だけでなく，倫理的意味合いを帯びた社会的規範から逸脱することなく適切に事業を遂行することといったニュアンスが込められたことばである。記憶の限り，90年代末頃から2000年代初めにかけて，いくつかの自動車会社によるリコール隠し問題が社会的に注目を浴びたことがきっかけで急速に広まった。その頃から，実際に行われている営みが文字通り法令や規則に沿ったものであるか否かに注目が集まるようになり，違反に対しては厳しい眼差しが注がれるようになった。

　大学入試に関して言えば，期せずして平成13年（2001年）という同じ年に２つの大きな入試ミスが判明した（西郡・倉元，2009／2020）。それ以来，入試ミスに対して世間の注目が集まるようになり，大学関係者はミス防止に神経を尖らせるようになった。なお，本来，入試ミスと呼ぶべき事案は，故意ではなく過失で引き起こされた事象に限るべきである。例えば，平成30年度（2018年度）入試の時期には前年度に発生した複数の旧帝大系の大学の作題ミスが大きく取り上げられたが，故意に引き起こしたものではない。入試ミスの中には，いかに注意深く対応しても完全に防ぎきれない類の誤りもあ

る。一方，公表することなく受験生の属性に応じて意図的に評価基準を操作するような行為は特定の意図を持って行われることであり，ミスと呼ぶ範疇を超えている。もちろん，コンプライアンス的にはより重大な事態と言える。

いずれにせよ，大学関係者が入試ミスの防止に多大なエネルギーを割いているのは事実である。大学入試関係者の意識の中では，問題が生じた場合には可及的速やかに正確な情報を開示し，適切に対応しなければいけないという自覚は以前よりはるかに強くなっているはずだ。

2．COVID-19対応における文化の違い

大学入試に関するコンプライアンス意識の強さは，突然現れたコロナ禍への対応では極めて有効に機能した。

令和3年（2021年）12月に独立行政法人大学入試センター・シンポジウム「COVID-19の災禍と世界の大学入試」が行われた（大学入試センター，2022）。アメリカ合衆国，イギリス，フィンランド，韓国をフィールドとしている教育研究者に日本の大学入試関係者を加えて，各国の大学入学者選抜で実施されたCOVID-19対策を比較する試みであった[3]。各国の対策について筆者が受けた印象を並べると以下のようになる。

アメリか合衆国で重視されたポイントはコストである。コストに応じて入学許可を出す人数を調整したり，選抜の実務を担うアドミッション・オフィサーが解雇されたりした。イギリスでは，GCE-Aレベルの試験が中止となり，急遽，日常活動の記録に基づく選抜が行われた[4]。もちろん，COVID-19蔓延のタイミングや感染状況などにやむを得ない事情があったものの，例年とはかけ離れた基準で大学入学者の選抜が行われたことは事実である。

欧州におけるもう1つの事例はフィンランドであった。フィンランドの教育がPISA調査の国別順位で最上位に位置していたことから注目を集めるようになった。フィンランドの大学入学者選抜制度には共通テストに加えて個別大学が課す試験があり，やや日本に近い印象がある。ただし，日本とは異

3　4名の登壇者は東北大学大学入試研究シリーズ第7巻『コロナ禍に挑む大学入試（2）　世界と日本編』の第2章から第5章の寄稿を依頼していたメンバーである。各国の対策の詳細については同書を参照していただきたい。

4　フランスでもイギリスと類似の対応が行われた（阿部・倉元，2023）。

なり，共通テストと個別試験の配点比率が一律に定められている。コロナ禍の下，急に配点比率を変更するということになったところ，受験生からの強い異議が寄せられたということであった。

　一方，韓国の場合，日本よりも徹底した COVID-19 感染対策が施された上で，選抜方法を変えることなく日程を調整することで対応しようとした。なお，中国もほぼ似たような対応であった。

３．COVID-19環境下における日本の入試

　それでは，日本はどうだったのか。結論から言えば，中国，韓国と同じ原則に則ってコロナ禍初年度の大学入試が実施された（南，2023）。

　言うまでもなく，大学入試の主役は受験生である。後述のように文部科学省の指揮の下，可能な限り受験生を慮る特別対応を整え，各大学が全力を挙げてこれを実施した。もちろん，受験する側から見た場合には，諸々の不具合もあっただろう。しかしながら，各大学とも可能な限りの努力を行った（倉元・宮本・久保，2022 / 2023）。コロナ禍への特別対応には例年とは比べ物にならないほどの労力，費用が必要となったが，緊急事態ということで度外視された。

　以上の行動原理は，受験生が入試に対して準備をしてくることを前提として，その努力をないがしろにしてはいけないという「受験生保護の大原則（倉元，2020a）」が暗黙の前提として社会全体に共有されていたことを示す。その結果，令和３年度（2021年度）入試に関しては，COVID-19の悪影響が最小限に留められたと言って良い。

４．行政と現場の絶妙な連携

　COVID-19対応に関する成功の秘訣はどこにあったのか。それは，行政と現場の絶妙の協力関係にあったと筆者は考える。実際，入試を実施する側には文部科学省からの通達が頼りになった。それは極めて具体的な細かい話である。例えば，筆記試験における受験生の座席間隔，面接では面接員と受験生が対面する際の距離や注意点……，実にこまごまとした事項に関して，具体的な指針が示された。もし，それらが個別大学に判断が委ねられていたとしたら，大きな混乱が生じたであろう。

筆者が所属する東北大学には感染症の専門家が何人か所属している。その点では多くの他大学より恵まれた立場にあった。それでも，細部に亘り，一つひとつの問題に判断を仰ぐのは難しい。まして，各大学に専門家がいるわけではない。専門家間で意見が割れる問題もあっただろう。万が一，感染が生じた場合には，指示を下した側の責任問題となる。一つひとつの通知文書がリスクと裏腹だった。結果論になるが，大学入試が原因となったクラスターは1件も知らない。少なくとも報道の対象となるような問題は生じなかった。背景には，教育行政から入試の実施現場に至るまで，優先順位の最上位に受験生の利益を置く価値観が共有され，指針を遵守するコンプライアンス意識の徹底があったのだろう。

　一方，現場的な感覚では，COVID-19対策に際して危機一髪と感じる状況が多々あった。それはCOVID-19そのものに対してではなく，入試ミス発生リスクの増大に対してである。準備段階から通常の年度とは比べ物にならないほどの負荷が加えられ，限られた時間の中，連絡体制などにも厳しい制限を受けた中で入試を実施することとなったが，そこに関わる人員や予算が大幅に増強されたわけではなかった。通常ならば，当然実施するべき二重三重の点検を省略する場面が生じた。潜在的な入試ミス発生のリスクが各所で極大化していたのではないかと想像する。

5．令和4年度（2022年度）入試に見るほころびの構図

　ところが，本格的なCOVID-19環境下で二度目の入試となった令和4年度（2022年度）入試では，連携にほころびが目立つ結果となった。

　まず，毎年通知されるはずの時期に大学入学者選抜実施要項が届かなかった。それは2年目のCOVID-19対応が後手に回ったことによる。各大学が特別な体制を組んだCOVID-19環境下初年度の入試を終え，年間スケジュールを通常に戻して準備が始まっていたが，6月になってから前年に準じたCOVID-19特別対応が盛り込まれることが判明した。その結果，大学の現場では準備してきた日程を組み替える必要が生じた。

　東北大学では，例年，大学入学者選抜実施要項に基づき，6月初旬に受験生向けの概要である大学入学者選抜要項を発行する。ところが，文部科学省からの通知が遅れ，さらに様々な再検討が必要となったことから，選抜要項

の公表が大幅にずれ込んだ。受験生に対して大きな不利益が生じたことにな
る。大変な災厄に見舞われた令和３年度（2021年度）入試の受験生に引き続
き，COVID-19環境下で２年目となった令和４年度（2022年度）入試の受験
生も年度当初から先の見えない不安な状態に置かれることとなった。

　極めつけは年末，いよいよ大学入学共通テストから一般選抜の本格シーズ
ンを迎えようとする，その時期から意思決定が二転三転したことだ。発端は
オミクロン株の流行にある。「オミクロン株濃厚接触者の受験は認めず追試
験に」という通知が年末の12月24日になって届いた。現場では相当に当惑す
る内容であった。追試験はあくまでも例外的な救済措置である。本試験と同
一の試験問題ではないので，どれだけ工夫しても問題の質や難易度には違い
が出る。受験機会を守るための最後の砦だが，公平性の観点からなるべく避
けたい措置なのだ。

　この感覚はおそらく世間一般にも共通のものだったのだろう。世論の猛反
発に遭い，この通達はわずか３日間で撤回となった。二度目の通知が発出さ
れたのは仕事納めの日である。朝令暮改やタイミングの遅さに関して反発が
出るのは当然のことだろう。ただ，それ以上に筆者が気になったのは，その
通知が元々文部科学省からの発意ではなく，総理大臣からの指示によると報
道されたことであった。

　文部科学大臣名で下された次の指示は，結果的に当初と反対の極にまで触
れることとなった。内容は「大学入学共通テスト，個別試験を含めて一切の
テストを受験できなかった受験生であっても，必ず合否判定を行うように。
１人たりとも残さず選抜を行うべし。」といった主旨であった。大学入試は
「妥協の芸術」である（倉元，2013，p.24）。互いに矛盾する理念，原則が錯
綜する中で，それを実施可能な範囲に収めることが求められる。「最後の１
人まで」といった表現は，その限界をはるかに超えたものである。

　表層的な意味での問題点は，先述のように，指示の出たタイミングにあっ
た。最初の通達が出た時点ですでに遅すぎ，そういった意味でも「受験生保
護の大原則（倉元，2020a）」の精神に反している。しかし，潜在的には，よ
り深刻な構造的問題が内包されていたのではないかと筆者は考える。大学は
自らが掲げるアドミッション・ポリシーに基づいて選抜を行う。選抜の仕組
みを放棄した際限ない特別措置は他の受験生に対して不公平であり，アド

ミッション・ポリシーの放棄でもある。大学入試の責任と権限が大学にあるという大切に守られてきたわが国の制度の重要な特徴に照らして，疑問を禁じ得ない。

　翌日，国大協から来た通達には，実施に関しては「各大学の判断」であり，「今年限りの措置」であることが明記されていた。選抜の実質に関する具体的な指示はなく，まずは相談窓口を設けることが指示されていた。これならば，対応可能である。大学入試における国大協という組織の存在が最大限に機能した瞬間と感じた。

　この事案の本質的な問題点は，教育行政を司る文部科学省の上から具体的な指示が下されてしまったことにある。そして，その発端は，いわゆる「未履修問題」から派生しているのではないか，というのがこれから述べる筆者の仮説的な推論である。もちろん，単なる憶測に過ぎず，直接的に事象を結ぶ証拠はない。それだけに，その推測がある程度妥当であれば，放置すると無意識に同じことが繰り返される厄介な問題だ。少なくとも，いったんは意識化させ，議論の俎上に載せることが必要なのではないだろうか。そして，この問題をひも解くキーがコンプライアンス概念ということになる。

◆◇◆
第3節　未履修問題の発生とその背景

1．未履修問題とは

　未履修問題とは，端的に表現すれば「後期中等教育を行う高等学校等が，学習指導要領で必履修となっている教科・科目を開講せず，ないしは，生徒に履修させなかったにもかかわらず，高等学校卒業資格を与えていた」という問題である。特に，当時，必履修であった世界史や，新教科情報で履修漏れが多発した。多数の卒業見込み生が卒業要件を満たせなくなった。発端は富山県であったが，その後全国各地で広範にわたって違反が発覚した。その時点の在校生だけではなく，遡って厳格に適用すると多くの人の高校卒業資格が危うくなる可能性がある，大きな広がりを持った問題だった。この未履修問題が発覚したのは平成18年（2006年）10月であった。時期も重要なポイントの1つである。

２． 社会規範意識の変化と未履修問題の発生

　なぜそのような状態が広範に生じたかと言えば，長年の慣習だったから，としか言いようがない。卒業要件は厳格に定められているが，実際にはある程度の柔軟性をもって大綱的に運用されていたのではないだろうか。大胆に学習指導要領を無視して一部の受験科目だけに特化した授業を行っていた学校も存在したが，そういった事例は例外だった。

　問題の背景には，とうの昔に限界を超えた飽和状態の教育課程があった。飽和状態と表現したのは，高等学校で学習すべき内容が多すぎるという意味である。さらに課外活動や学校行事等も加えると，教員も生徒も全てを万全にこなすのは不可能となっていた。高校で日常を営むには，現場の裁量によるやりくりは必然である。ところが，世の中の常識は大きく動き，社会規範が変化していた。過去にも未履修の発覚はあったようだが，大きな話題にはならなかった。教育界を揺るがす大問題に発展したのは，この時期に続発していたコンプライアンス違反の文脈に未履修問題も置かれてしまったから，というのが筆者の解釈である。

　時代のエートスとしての社会規範の変化とそれに伴う法令適用の厳格化は交通規則にも表れている。かつては緩かった飲酒運転に対する認識が，重大事故の多発により徐々に厳罰化の傾向となり，この頃からは，運転者だけではなく飲酒を知りながら運転を許した周囲の者も処罰の対象となった。その結果，飲酒運転による重大事故は激減したはずだ。

　未履修問題は高校現場に潜在していた問題が表面化する機会となった。しかし，そのことが高校教育が抱える課題を解決の方向に導いたかどうかは別問題である。現在，学校現場の飽和状態は，学校が残業代もなしに勤務時間が異常に長いブラック職場である，という形で社会問題化している。それは今に始まったことではないのだが。未履修問題が表面化した際にはそのようなフレームワークで捉えられることはなかった。

３． 未履修問題の決着

　未履修問題はマスメディアが大いに取り上げるところとなった。直後の報道のほとんどは，学習指導要領という法令に違反した高等学校側を断罪する論調でなされた。平成18年（2006年）10月27日付の東京新聞に「過密なカリ

キュラムが問題の根底にあり，学習指導要領にも不自然な点がある」という主旨の筆者の意見もコメントとして掲載されたが，あくまでも多勢に無勢という状況だった。

　最終的に，この問題は文部科学省内部で解決がつかなかった。処理の仕方によっては，すでに高校を卒業して社会を支えている多くの人が高校卒業資格を失う可能性がある大問題である。行政当局が極めて慎重に対応しようとしたのは十分理解できる。当時は第1期安倍晋三内閣の時代であった。最終的に首相裁定によって「過去の年度は不問に付す」，さらに，「当該年度に関しては，70単位時間を限度に補習を実施し，それを超えた分にはレポートを課すことで卒業単位を満たしたと認定する」という政治的判断によって事態が収拾された。

第4節　未履修問題の余波

1．東北大学合格者の出身地に見る東北地方の不振

　未履修問題の後，何が起こったか。あくまでも，東北大学という特定大学を指標にした定点観測ではあるが，地域における大学の役割や日本社会の将来の発展を考えると重大な問題をはらんでいる。

　図4-1は東北大学の合格者に占める東北地方出身者と関東地方出身者の割合を示す[5]。実線が東北，破線が関東である。東北大学がAO入試を導入したのが平成12年度（2000年度）入試なので，そこを起点とした。おおむね，東北地方出身者の割合が40パーセント程度というのが従前の肌感覚であった。AO入試の導入後は若干東北地方出身者が増加した。

　未履修問題が発覚したのは平成18年（2006年）であったが，その時期は東北地方出身者の割合が高かった。ところが，その後は右肩下がりが続いている。平成31年度（2019年度）入試からは関東地方出身者が東北地方を上回るようになった。なお，令和2年度（2020年度）からの3年間は東北地方出身者が回復基調に見えるが，COVID-19の影響で現れた地元志向によるものだ

5　縦軸の数値は示さない。

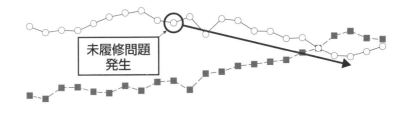

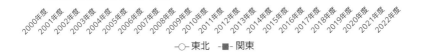

図４-１．東北大学合格者の出身地別割合（東北 vs. 関東）

ろう。

　入試区分別にみると，AO 入試の合格者は東北地方に多い。多様化政策の下で，大学入試は言わば情報戦化している。どうしても，AO 入試に関する情報は東北大学に関心がある生徒が多い高校に偏りがちになる。AO 入試に合格する学生はそういった高校からの出願が多い。志願者数の多寡が合格者数に反映する。合格率に大きな違いがあるわけではない。AO 入試が拡大した時期に合格者の割合が減少したことを考えると，一般選抜ではその傾向がより極端であることが分かる。実際，近年では一般選抜の合格者に占める東北地方出身者の割合は 3 割を割り込むことが多くなっている。

２．地方の衰退を促進する構造的要因

　それでは，潜在的に東北大学を志望していたはずの東北地方出身者はどこに進学したのだろう。結論から言えば，東北大学と同程度の他大学に流れているわけではなさそうだ。平成28年度（2016年度）に私立大学の定員管理の厳格化政策が始まった。目的は大都市圏に流入する若者を減らし，地方に目を向けるためとされた。ところが，東日本の公立高校の進学実績データを分

析した末永・倉元（2022）によれば，有名私立大学，難関国公立大学ともに首都圏の高校が相対的に大きく実績を伸ばし，地方高校からの合格実績が軒並み大きく後退していることが明らかになった。北海道，東北，ないしは，北関東といった郡部から難関国公立大学への進学が難しくなっている。有名私立大学も同様であり，北関東の高校が特に大きなダメージを受けている。東北地方の落ち込みは相対的に小さかったのだが，その理由は元々進学者数が多くなかったからに過ぎない。逆に，首都圏の高校は相対的に大きく実績を伸ばした。

　背景にある直接的な環境要因は少子化の進行と学校規模の縮小である。もちろん，大学進学者数そのものの減少も影響している。ただ，それ以上に受験生を取り巻く環境の変化が大きい。指導に当たる高校教員のマンパワーは学校規模に依存する。配置される教員数は原則的にクラス数に応じて決まるからだ。一定数以上の教員が配置されていなければ，教務や進路指導などの校務分掌や部活動の顧問など，教科教育以外で教員が協力して運営しなければならない重要な職務の役割分担が回らなくなる。少子化が進み，東北各県では学校規模が小さくなった。トップの進学校でも1学年6クラスしかない県もある。首都圏であれば，1つの高校の規模は1学年8クラスないしは10クラスが普通だ。一方，東北では比較的恵まれている宮城県でも，仙台市内のトップクラスの進学校で何とか8クラスを維持しているような状況である。

　問題は学校規模だけではない。かつて進学校と言われていた学校に，大学進学を目的にしない生徒が入学するようになった。限られた人数の教員が様々なニーズに対応しなければならなくなった。いわゆる受験産業も地方には乏しい。保護者の経済状況も都会と比べると厳しい。全てを学校に依存している状況の中で，未履修問題の発生が現場に相当な負担となったことは想像に難くない。人的・知的・時間的なリソースの配分の自由度が限定されてしまったからだ。

3．高校における進路指導の整備

　伝統的な大学入試の多様化政策は必然的に大学入試を情報戦化する。教科・科目の学修に限らず，様々な環境要因が高校生の受験行動を左右する傾向が生じている。その中にあって，高校生の進学準備行動を支える中心とし

て機能してきたのは高等学校であった。進路指導ということばが大学入試に特化した，いわゆる特殊な受験勉強を連想させるとすれば，高校が担っているのは高校生に対するキャリア教育と言い換えるべきだろう。本稿では高校生の将来展望まで含めた大学進学に対する指導や助言の仕組みを総称して「進路指導」と呼んでいる。

　共通第１次学力試験の導入により大学が偏差値序列化して偏差値指標のみで進学先を決定するような進路指導が行われている，と高校教育を断罪したのは1980年代半ばの臨時教育審議会であった。それに呼応して，進路選択に必要な情報を集めて発信すべく，大学入試センターに大学の情報提供を行う役割が新たに付加された。その後，少子化による受験生獲得競争の激化につれて大学から直接の情報発信が盛んになっていった（倉元・泉，2014）。高校に届けられる膨大な大学情報を精査し，在校生や保護者の嗜好や興味関心とすり合わせながら，高大連携活動と呼ばれる大学との関係性を基盤とした各種の活動の中から生徒に大学進学への準備行動を指導するようになっていったのが今の高校教育である。

　並行して大学入試の多様化が進行し，テスト以外の指標で合否が決められる入試が増えてきた。各大学が多様な選抜方法を工夫すればするほど，進路指導を行う高校教員の負担が増す構造が出来上がっている。

４．大学進学プロセスの日中比較

　40年ほどの期間で，高校教育における進路指導のあり方は大きく変化し，重みは増してきた。残念ながら時系列的な変化を直接示すようなデータがないので，この問題を他国との比較で考えてみたい。

　中国は今世紀に入ってから急速に高等教育が拡大し，現在の進学率は日本に近い水準となっている。ところが，日本とは比較にならないほど画一的な入試制度を取っており，その点では深刻な構造的問題を抱えている。具体的には高考という1,000万人を超える受験生を抱えるテストが実質的に大学入学者選抜の唯一の機会となっており，それを多様化しようという政策が始まったところである（倉元・尹，2021）。

　日本の受験生には直接大学を体験するオープンキャンパスのほか，大学の活動に触れる様々な機会が用意されている。紙媒体の大学案内等やウェブサ

イトによる情報発信も充実している。大学の情報が溢れる中で，高校生は進路を考え，自分が進学を希望する大学を絞り込み，さらには多様化した大学入試制度の中で自分が努力すべき道は何かと考える仕組みとなっている。一方，中国の受験生は高考を受験した後に進学先の大学を考え始める。自分の適性や将来展望よりも，自分の成績で進学可能な大学の中で，最も評価が高いところを選ぶ（林・倉元，2022）。まさしく，かつてわが国で批判されたような進路決定が行われている。

　もう1つ，データに現れた顕著な違いは，進学先の決定に関わるステークホルダーが誰かという問題である。林・倉元（2021）は，日中の大学進学を志望する高校生に，進路に関する相談相手について比較調査を行った。その結果を図4-2に示す。左から日本の高校生の回答で平均値が高かった順に並べている。指標化された数値なので，一見して意味が取りにくいが，「2」が「年に1，2回相談する」，「3」が「時々相談する」，「4」が「頻繁に相談する」を表す指標となっている。あまりにも頻繁に進路の話をするのは逆に問題がある状況が想定されるので，結果は適度なところに落ち着いている。

　日本では，一番の相談相手は母親である。母親に進路に関する相談を「時々する」のが標準と言える。中国では，母親も主要な相談相手だが友人

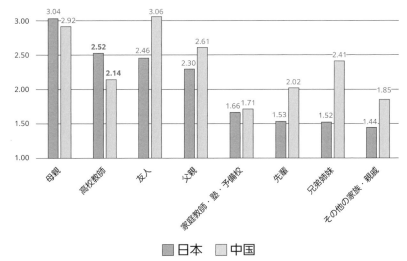

図4-2. 大学進学にかかわる相談相手の日中比較
（林・倉元，2021，p.210の表5，表6より筆者作成）

の値が一番高い。次いで，母親，父親，兄弟姉妹という順になっている。つまり，大学進学の問題は家族や親しい間柄で解決策を探っていく問題とみなされている。それに対して，日本は母親に次いで高校教師が２番目に来ている。中国データの高校教師に対する相談頻度が「年に１，２回」という結果と比べてみると大きな差がある。中国では専門的な支援がない中で進学先を探らなければならない。頼るのはテスト（高考）の成績と親しい間柄で交わされる不確かな情報ということになる。一方，日本の高校生はかつてのように偏差値のみによって進学先を決める環境には置かれていない。良し悪しは別として，多くの大学に関わる様々な情報が高校で集められ，自らの将来を展望しながら，最適な進路を探っていく旨，指導が行われる。もちろん，学校や担当教員の力量によって，ガイダンスの質には差が出るが，必要な情報が与えられない環境下で進路決定を強いられる状況にはない。

　しかし，こういった高校の変化と現在の状況を構築するために払われた努力が一連の高大接続改革政策の中で顧みられることはなかった。

５．高校は加害者だったのか？

　未履修問題を通じて，高校は加害者として断罪された。少なくとも，多くの報道に見る有識者の意見からはそう感じられた。コンプライアンス重視の風潮の中，高校現場の実情に疎い外部者からは，処罰や矯正の対象と認識されても不思議はなかった。しかし，その認識が適切だったとは思えない。むしろ，年々厳しくなる職場環境の中，管理職を含む個々の教員が生徒のためを思って必死にもがく中で起こった出来事である。本来は何らかの形で救いの手を差し伸べるのが正しい対応だったのではないだろうか。もちろん，個別の事例には様々な事情があるのは承知の上での一般論である。

　未履修問題は，大学入試が絡む教育問題の具体的な個別事項に対して，外からの力が目に見える形で加えられるきっかけとなったように見える。平成24年（2012年）末に政権与党となった自由民主党本部に発足した教育再生実行本部の第一次提言を皮切りに始まった高大接続改革は，その意図はともかく当事者を置き去りにして始まった。あたかも教育行政も一体となって不可能な改革に突き進んだように見えたが，実際のイニシアチブは何処にあったのだろうか。伝統的な文教政策の志向性とその限界は未履修問題として現れ

た。現場が飽和状態であるのは重々承知の上で，無限に発生する個別課題に対症療法的な処方箋が繰り返されてきた。その結果発生した副作用の処置は高校現場が負うことになった。

6. 未履修問題から働き方改革へ

　昨今，教育現場には働き方改革の波が押し寄せている。管理職にとって，教員の労働時間の管理は最優先の課題であろう。未履修問題を経験し，最前線でその事後処理に奔走した人たちが今の管理職世代である。苦い記憶が心の奥底に沁みついているのは想像に難くない。様々な課題の中で，大学入試や進路指導は重要であっても数多ある課題の１つに過ぎない。生徒の将来の問題を見据えた上で，法令や規則に合わせて教員の労働時間を適正な範囲に収めるように合理化する。どれほど超人的な手腕が必要となるのだろう。

　地方において，進学実績は地域の将来を左右する鍵となる極めて重要な指標である。その場に応じて対象となる大学や合格者数等の具体的数値は変わるだろうが，利発な子どもを持った保護者の信頼をつなぎ止める一番の指標が進学実績である。親の立場からすれば，この場所で地元の高校に通わせることが子どもの将来のためか，それとも都会の高校に子どもを送り出すか，あるいは，かの地の転勤に学齢期の子どもを伴って家族一緒に移住するか，それとも家族を都会に残して単身赴くか，一家の将来を左右する決断が迫られる。その集積が地域の将来を左右する。

　地方の高校における進学実績は意味が違う。過疎地においては統廃合の中で子どもたちが通える範囲に高校を残せるかどうかという問題にも直結する。たかが大学合格実績，されど大学合格実績なのだ。

　教育政策と教育現場との関係，そして，飽和する課題を優先順位に沿って整理し直さなければ，同じ過ちが繰り返されるだろう。今に至るまで蓄積され続けているダメージが，取り返しがつかない深さになるまで，もう余力は残されていないのではないか。筆者はそう懸念する。

　しかし，残念ながら，筆者には高大接続改革の頓挫とその痛みを乗り越えて大学入試改革の論理が転換したようには見えない。令和７年度（2025年度）入試に迫った大学入学共通テストへの「情報Ⅰ」の導入を見れば分かる。高度な情報化社会の中で情報教育の充実が必要なのは必然である。そのこと

と大学入試に学力検査として課す条件が整っているかどうかは別問題である。高校教育の現状はそこからまだかなりの距離がある（倉元・宮本・久保・長濱，2023）。それでも導入が強行された論拠は，相変わらず，大学入試を改革することで高校教育に圧力をかけ，変化させることができると考える，頓挫した高大接続改革がすがりついた波及効果モデルなのではないか。

7．個性尊重か人材育成か

　大学入学者選抜には互いに矛盾する理念が突き付けられる。大別すると，1つは臨教審から前面に出てくるようになった「個性尊重の原則」である。一人ひとりの子どもがその時点を楽しく過ごすこと，その連続線上に充実した人生を送る基盤があり，それを支援するのが教育の使命である，と整理することができる。それに対峙する理念は，高度経済成長期のマンパワー政策に端的に表れた「人材育成」の観点である。一人ひとりのその時点の幸福感よりも，結果として将来の社会を担う人材を育成することが教育の使命である，と整理することができる。この2つの理念はいずれが正しいというものでもなく，具体的な場面で相矛盾する。何とか両立させるには，相当の工夫が必要となるだろう。

　ところが，これらは，現在，ねじれたロジックで奇妙に結び付いている。高度成長時代の人材育成の考え方は古いと否定しつつ，その代替として，本来は個性尊重の原則に則って構築されてきた教育理念がそのまま情報化社会の人材育成政策であるかのような語られ方が多い。楽観的に過ぎるし，必要な論証のピースが欠落している。個性尊重の原則に則った教育方法は，時間，環境，教員の質，保護者の意識，子どもの能力等の条件の全てが整わない限り，将来的な成功がおぼつかない。最終的にそれが予算の問題に帰着するのだとすれば，必要な手当てが必要だ。ただ，社会はそのコストを賄うことができるのだろうか。

第5節　教育行政と教育現場

　教育行政にとって，文教予算の確保は大きな役割であろう。現場の人間は

見えにくい苦労があるだろう。財政当局が納得する新機軸，新事業を常に考案していく必要性に迫られる。結果的に，事業内容が膨れ上がる構造になる。従来からの大綱的運用が不可能となれば，結果的にリソースのない，弱いところにしわ寄せが行くのは必然である。

　未履修問題の余波で文部行政に対する偏見が出来上がったとすれば，大学入試政策のみならず，教育にとって大きなマイナスだと感じる。どうしても行政と現場には様々な場面で対立構図が生まれやすい。しかし，COVID-19への対応で現れたように，行政がしっかりと現場を支えることで，初めてマクロな意味で教育という営みが成り立つ。現場が行政を敵視する構図を作ってはならない。

　大学入試には二重性がある（倉元，2020b）。大学入試を含む教育問題は，基本的に当事者の問題でありながら，誰もが自らの経験に依拠して語ることができる話題である。外部からの「善意の介入」を招きやすい構造がそこにあるが，現場の事情が見えない外部からの具体的指示は，往々にして問題を解決ではなく混乱の方向へ導いてしまう。現場を熟知した教育行政の判断は重要なのだ。

　今後は事業全体の総量の見積りと引き算の発想が重要になってくるだろう。劇的に異次元の教育予算を投入することが出来なければ，新規事業を上乗せするだけのやり方がコンプライアンスの破綻を招くことは目に見えている。何かを加えるには，勇気をもって何かを引く決断が必要になる。

　そして，再確認となるが，大学入試の主体は個別大学にある。大学入試が高校教育に大きな影響を与えているのは事実だが，最終的にそれを制御できるのは個別大学である。本来，外部からの指示を受けて右往左往すべき立場にはない。大学入試における個別大学の使命としては，現実に依拠して高校に求めるべきことと大学の責任で育成すべきことの線引きを明確に示し，現実的に可能な選抜方法に落とし込んでいくことだろう。言い換えれば，個別大学には様々な角度からのエビデンスに基づく入試の設計を行い，アドミッション・ポリシーや具体的選抜方法でそれを具現化できる能力を持つことが求められている。

文　献

阿部 和久・倉元 直樹（2023）．バカロレア改革の現状と課題――COVID-19対応から見える問題点―― 大学入試研究ジャーナル, *33*, 170-177.

大学入試センター（2022）．COVID-19の災禍と世界の大学入試　大学入試センター研究開発部報告書　大学入試センター・シンポジウム2021.

福留 東土・川村 真理（2023）．コロナ禍で揺れるアメリカの大学入学者選抜　倉元 直樹・久保 沙織（編）コロナ禍に挑む大学入試（２）　世界と日本編（pp.96-119）金子書房

国立大学協会（2017）．2020年度以降の国立大学の入学者選抜制度――国立大学協会の基本方針―― 平成29年11月10日 国立大学協会 Retrieved from https://www.janu.jp/wp/wp-content/uploads/2021/03/20171110-wnew-nyushi1-1.pdf（2023年３月24日）

国立大学協会（2022）．2024年度以降の国立大学の入学者選抜制度――国立大学協会の基本方針―― 令和４年１月28日，国立大学協会 Retrieved from https://www.janu.jp/wp/wp-content/uploads/2022/01/20210128_news_001.pdf（2023年３月24日）

倉元 直樹（2009）．AO入試のどこが問題か――大学入試の多様化を問い直す―― 日本の論点2009（596-599），文藝春秋

倉元 直樹（2013）．受験生から見た「多様化」の意義――東北大学型AO入試と一般入試―― 大学入試センター研究開発部（編）入試研究から見た高大接続――多様化する大学入試にせまる―― 2013大学入試センター研究開発部シンポジウム報告書（24-37）独立行政法人大学入試センター研究開発部

倉元 直樹（2020a）．受験生保護の大原則と大学入試の諸原則　倉元 直樹（編）「大学入試学」の誕生（pp.6-17）金子書房

倉元 直樹（2020b）．「コロナ禍」の下での大学入試――高大接続改革の方向転換から見えてきた課題と展望―― 現代思想10月号（112-121）［倉元 直樹・宮本 友弘（編）（2022）．コロナ禍に挑む大学入試（１）緊急対応編　第１章に再録］

倉元 直樹・泉 毅（2014）．東北大学工学部AO入試受験者にみる大学入試広報の効果――その意義と発信型，対面型広報の効果―― 日本テスト学会誌, *10*, 125-146.

倉元 直樹・尹 得霞（2021）．わが国の高大接続改革と中国，韓国，台湾の大学入試多様化政策――特に中国の入試改革との同型性，共時性を中心に―― 大学入試研究ジャーナル, *31*, 83-90.［宮本 友弘・久保 沙織編（2021）．大学入試を設計する　第10章に再録］

倉元 直樹・宮本 友弘・久保 沙織（2022）．コロナ禍の下での大学入学者選抜を振り返る――主として2021（令和３）年度入試に関連して―― 高度教養教育・学生支援機構紀要, *8*, 95-107.［倉元 直樹・久保 沙織（編）（2023）．コロナ禍に挑む大学入試（２）　世界と日本編　第６章に再録］

倉元 直樹・宮本 友弘・久保 沙織・長濱 裕幸（2023）．新学習指導要領の下での大学入試――高校調査から見えてきた課題―― 大学入試研究ジャーナル, *33*, 26-32.［本書第９章］

南 紅玉（2023）．日本，中国，韓国の大学入試における COVID-19対策　倉元 直樹・久保 沙織（編）（2023）．コロナ禍に挑む大学入試（２）　世界と日本編（pp.2-22）金子書房

西郡 大・倉元 直樹（2009）．新聞記事からみた「入試ミス」のパターンとその影響の検討　東北大学高等教育開発推進センター紀要, *4*, 39-48.［倉元 直樹（編）（2020）．「大学入試学」の誕生　第10章に再録］

林 如玉・倉元 直樹（2021）．大学進学における相談相手の選択に関する日中比較研究——相談頻度を中心に——　東北大学高度教養教育・学生支援機構紀要, *7*, 205-218.

林 如玉・倉元 直樹（2022）．大学進学における進路選択プロセスに関する日中比較研究——情報収集活動を中心に——　日本テスト学会誌, *18*, 39-55.

末永 仁・倉元 直樹（2022）．私立大学定員管理厳格化が東日本の公立高等学校に与えた影響——地域と進学実績を説明要因として——　大学入試研究ジャーナル, *32*, 84-91.

第2部　教育行政と教育現場との「対話」

第 **5** 章

地方公立学校の現場から[1]

延沢　恵理子

◆◇◆
第 1 節　震災後の東北で：高大接続改革前夜

　平成23年（2011年）3月11日（金）の東日本大震災。東北の進路指導を語るとき，この震災を避けて通ることはできない。宮城県の海沿いの地域の出身である私は，この度の震災で幼い頃からの思い出の土地を数多く失った。周囲には，私以上に切実な体験をした方々がたくさんいて，避難所で段ボールを裏返して受験勉強をする生徒の話等も伝え聞いた。その年の後期試験が吹っ飛んだだけではない。そこからの数年は，東北地方の高校生たちにとって，東北大学等の難関大学を目指すということ自体が環境として困難だったと思う。3年ほどは「震災の影響」と言われたが，そのうち「北関東勢の躍進」と呼ばれるようになった。

　大きな破壊を体験し，点数よりも大事なものがあると実感してしまった東北地方の高校教師である私たちは，もう単純に受験合格のための進路指導を信じられなくなった気がする（もちろん，それ以前にも偏差値や受験が全てだと思っていたわけではないのだが，少なくともこれまでの進学校には，地域の人財育成を「学力面」で担うのだという，ある種「純粋」なエネルギーが充ちていたように思う）。大学が何だ，受験が何だ，危機の際には結局何も役に立たなかったじゃないか。役に立つのは，その日他者のために行動できる思いやりと決断力。遠い未来の成果より，目の前の生きることに誠実な子どもたちを育成しよう。教師でありながら，そういう近視眼的な思考がムズ

1　本稿は，第36回東北大学高等教育フォーラム「大学入試政策を問う——教育行政と教育現場の『対話』——」（令和4年（2022年）5月18日において，現状報告1「地方公立高校の現場から」として発表した内容を踏まえた書き下ろしである。

ムズと湧いた。命がけの決断を迫られた教員仲間の話も耳にした。国家百年の計の視点を持つ余裕もなくなっていた。

　津波が去った後の荒れた景色を見ながら，空虚な喪失感の中，無くならないものって何だろうと考えた。人の心に残したものだけなのではないか。そう思ったとき，子どもたちの心に残せるものを自分は持っているだろうかという問いが湧いた。それまで，国語の教科指導と進路指導ばかりをやってきていただけで，自分にできることは少なかった。自分に力をつけなければならないと思い，細々と仲間を募り，勉強会を行うようになっていった。

　「全国女性進路指導研究会」は，全国の女性の高校進路指導担当者や高校の進路指導に関心のある企業人を中心とした会で，年に一度京都や東京で集まり，研修し，語り合う会だ。高校の進路指導畑はまだまだ男性社会である。若い頃から進路畑を歩いてきて，女性の先輩教員の少なさに違和感を覚えていた。たまたま自分より若い進路担当者の女性に出会い，彼女の悩みを聞くにつけ，かつての自分と同じような悩みを抱き，それを越えようとしていることが感じられた。自分の拙い経験が誰かの役に立つかもしれない，私自身も女性の先輩に学びたいと考え，全国を講演行脚されている方に相談し，進路畑の女性教員の先輩方を紹介していただき，4人で会を発足させた。現在は，女性としてのリーダーシップ，キャリア教育の先進的な動き，女性教員自身のキャリア等について語り合い，「女性活躍」の大号令の下，唐突に進路指導主事や進路担当者を任されて困っている女性教員たちの駆け込み寺としても，リーダーたちが育てたい女性進路担当者を送る場としても機能している。

　全国的な視野で学ぶようになると，その学びを地元に還元したくなった。そこで，「山形若手・中堅進学指導研究会」を立ち上げ，全国で出会った素晴らしい先生方に山形で話してもらい，県内の先生方と一緒に学ぶ場ができた。同じ頃，「環日本海進学指導ネットワーク大会」という会の存続が危ぶまれる状況が起き，秋田・新潟・山形3県の高校の進路指導担当者である，その価値を実感していた者たちで世話人会を発足させ，存続を支えることになった。ここは，大学や大学入試センターの先生方と現場の教員が互いの胸襟を開いて話す場であり，大学入試を多面的に見る目を養い，多くの素晴らしい先生方とつながることができた。

　また，国語においては，教員になって 2 年目に県の学習指導改善事業の研究委員として，数名の先生方と授業づくりについて話し合う機会をいただき，その会がとても面白かったので，細々とそのときのメンバーを中心に声がけをしながら「山形県高等学校国語学習指導改善研究会」を運営してきていた。当時の勤務校で入試問題をたくさん解く中で，問いの重要性を感じ，それまでの授業づくりの会を「作問研究会」にシフトしたのも震災後のことだ。某予備校の現代文担当の先生を囲んで，同一課題文で各自が作問してきた問題について一日がかりで意見交換する会を行っている。仕事と両立することはかなりハードであるし，自分の未熟さを痛感することも多いのだが，作問や文章読解自体について視野が広がる会となっている。

　これも震災後の経験であるが，山形県最上地域の小中高連携事業で高校教員として小中の先生方と授業づくりをし，授業を見合う経験をした。私たち高校教員は，つい「小中でここまで教えておいてほしい」という「上から目線」でものを考えがちだが，小学校には小学校の，中学校には中学校の，発達段階や指導の悩みがある。そのことを知ることが，高校教員としてどのように生徒を引き受けるかという高校の入り口での学びを考えることに役立った。

　また，小学校では国語を専門に学んでいない先生が国語を担当することもある。高校で用いる国語の力とはどういうものかを共有することで，小中の先生方が自らの国語の授業の中で価値ある学びを見出すことにつながるのではないかと思った。そこで，小中高大の先生方が一堂に会して国語について学ぶ「もがみ国語の会」を発足させた。現在，教え子たちが地元の小学校や中学校の教員になって戻ってきている。そこでの国語の授業の悩みを持ち寄って，意見交換をし，明日の授業のアイディアを持ち帰る。縦の流れを意識して教科指導する機会はなかなかない。義務教育現場では習得のためのドリル的な学びが軽視されるようになり，漢字や計算などの基礎的な学習が学校の外に追い出されている。学習塾が充実している都会では，保護者の経済力で何とか食い止めているようだが，地方ではそのことに自覚的な保護者さえ少数派かもしれない。構造的な基礎力の低下状況において，小学校の語彙学習の低迷も著しく，地域の国語力を地域で育てることの重要性を感じている。

震災当時の勤務校の子どもたちと共に立ち上げたのが被災地支援ボランティア「Standing Together」だ。自分たちに何かできないか，と申し出た子たちと，教え子のグラフィックデザイナーをつなぎ，子どもたちが文字デザインをしたものをレイアウトしてステッカーを作り，募金300円に付き1枚配布する募金活動を行ってきた。学校が替わっても，メンバーを替えながら現在も続けている。被災地訪問で震災の爪痕を見，人の痛みを知り，そこで地域のために奮闘する語り部さんたちの姿を見ることで，若い感性は自分に何ができるかを問い始める。そして，もちろんその指は私自身にも向く。何ができたわけでもない。けれども，被災地を見つめて，何もせずにはいられなかった。傷ついた地域のために，尽力する大人の姿を目に焼き付け，自らの生き方を問うとき，「命の大切さ」という手垢の付いた言葉の真の意味が立ち現れてくる。「命の大切さ」とは，自分の与えられた命をきちんと使い切る生き方をすることを指していたのだと気づかされる。

　こんなふうに拡散しながらも，震災で傷ついた東北を見つめ，この時代に東北に生き，人を育てる教師であることの意味を考えさせられてきた。生徒に力をつける国語の授業がしたくて，生徒の希望進路達成を支えられる教師になりたくて，もがきながら進んできた12年だった。

第2節　高大接続改革への対応：見えないものを見ようとして

　正直なところ，平成25年（2013年）の教育再生実行会議でも，平成26年（2014年）の中教審の答申を読んだときも，「上のほうで何か言っとるなあ」という感じで受け止めたに過ぎなかった。しかし，平成27年（2015年）1月にかなりタイトな工程表つきの実行プランが出て初めて，「今度こそ本気っぽいぞ」と感じた。平成27年（2015年）の頭に実行プランを出して，平成29年（2017年）にはプレテストをやるというスピード感なので，CBT（Computer-based Testing）などもその専門家レベルである程度実現の見込みが立っているのだろうと思っていた。受験が大きく変わるというのは高校現場においては一大事だったが，どこからも具体的な情報が出て来なかった。まさに「リビングの象」で，問題があるのに見ないふりするしかない，大き過ぎて

全体像が見えないという状況だった。

　多くの先生方は，話題にはしていても，情報が出てきてから考えようというスタンスだったように思う。入試に向けての対応は一朝一夕にはできない。少しでも早く情報を得たかった。当時から研究会仲間を持っていた私は，仲間と一緒に情報収集と意見交換を通して，見えないものを見える化していくことにした。そのために，できるだけ一次情報にアクセスしようと考えた。地元大学の入試センターの先生，文部科学省の方，それから高大接続システム会議の参加者に直接会ってお話をうかがった。「時代が変わるのだ」という予感を感じさせる魅力的な「物語」だった。しかし，同時に私が教員になった20年以上前と同じような匂いのするものでもあった。「わかっているのはここまで」というお話の多くは「理念」としてのものであって，それをどのように実現するかはなかなか見えてこなかった。そして，お話をうかがうほど，作問者の努力によって長い年月をかけてここまでブラッシュアップされてきたセンター試験30年の歴史を壊してまで作る「新テスト」で測りたい思考力の正体って何なんだろうと思わされた。その正体が知りたくて，「今回の改革の考え方の背景を理解するには見たほうがいいよ」と言われた映画『Most likely to succeed』で，アメリカのチャータースクールであるHTH（High Tech High：ハイテックハイ）のオールPBL（Project Based Learning：課題解決型学習）の授業を知り，東京でのPBLの基礎講座に参加し，高校教員以外の人々とたくさん出会った。そこで出会った方が主催している「ハテナソン」という問いづくりの会に参加して，問いの持つ多様な思考を促す働きに気づかされた。生徒自らが問いをつくる力を育てることの重要性を感じ，授業の可能性が広がった。HTHで学んだ元留学生を囲む勉強会を行い，HTHが「グロースマインドセット」の育成や「公正さ」を大事にしていたことを知り，個を尊重しながらも，小中学校でありがちな，単なる「いいね」だけではない，成長させるフィードバックの重要性に触れることもできた。株式会社教育と探求社の「クエストエデュケーション」のさまざまなコースを導入し，実の場を経験させ，大人と対話しながらの厳しいフィードバックにも慣れさせていった。

　理論を学んだら，実践してみたくなり，当時中学2年生だった自分の生徒たちに英語で劇をつくるPBLもどきを経験させた。子どもたちに裁量権を

与えると，初めて「想像の斜め上に行かれた」と思う体験ができた。仲間の個性を生かし，知識やアイディアを出し合い，認め合う姿に「楽しみながら学ぶ」理想的な生徒の顔を見た思いがした。英語で劇を創るという負荷を皆で苦労しながら乗り越えたことが，子どもたちの絆を深め，自信につながったのを感じる。日本の学校行事には，子どもたちにチャレンジを促し，課題解決をさせ，自信を醸成するという機能があったのだと実感した。受験のために，「精選」の名の下に行事を削減したことで，子どもたちの人格的成長の機会を奪い，そのせいで，新たに別の成長の機会を設けなければならなくなったようにも感じられた。

　「学習者主体」とか，「個別最適化の学び」とは具体的にどういうものなのかということを考えていくと，ブレンディッド・ラーニングにも関心が湧いた。そこで，『ブレンディッド・ラーニングの衝撃』の翻訳者主催のオンラインセミナーのコースにも参加し，米国のブレンディッドスクールの運営について学んだ。「個別最適化の学び，生徒主導，達成度基準」という謳い文句は「刺激的」だが，「個別最適化」とはペース配分についてのみ語られ，その子の「個性」への最適化ではない点，「生徒主導」とは生徒が教師と一緒に計画し，それを実現する努力をするという意味である点，「達成度基準」とはドリル的な学習を「達成」と呼んでいる点など，疑問点も多かった。何より，オンラインで全て完結するのではなく，必ず自宅以外の監督される「学校」という場を持っていることがブレンディッド・ラーニングの条件になっている点において，「学習者主体」ということの困難さを物語っていると感じた。一方で，教員が自分の得意分野（低学年希望とか，コーチング担当とか，講義担当とか）を申告して，その分野での指導に特化して勤務する姿や教師が学習をマネージメントする姿，エビデンスベースで学校運営している姿には学ぶべきものがあった。

　そこで，全国の高校・大学教員から30人が選抜される株式会社電通主催の「リーダー育英塾」でお世話になった先生方のグループに参加し，データを創り，簡易な分析方法を学び，高校版 IR（Institutional Research of High School）を学年運営に生かすことを試みた。成績上位者は，ストレスマネージメントに課題があり，成績下位者は，学習の継続性に課題があった。また，某大学の教育心理学の先生と，外部模擬試験が学力を適切に弁別できている

かや，学力と非認知能力の関連についてデータを前に情報交換させていただく機会にも恵まれた。経験的に感覚で捉えていたことが数字によって可視化できることに意義を感じた。

　教育業界に予算がつかないのは，自分たちの行ってきた教育をデータで見える化し，証明することが困難だからだと長年感じてきた。数字よりも生徒の実態を重視することが当然大事なことだと思うが，これではいつまでも現場の苦労は報われないとも思われた。実証的な武器をもって，発信力を持つということも大事なことだと考えている。こういった取り組みをすると，「新し物好き」と称されることがあるが，個人的には「新し物好き」というより「実験好き」だと認識している。新しさは正しさとは違うという冷静さは保ちたいと思っているが，試しもしないで批判するのは卑怯者のすることだとも思っているため，まずは「実験」してから考えたいのだ。（やってみなくても「考えたらわかる」という賢い人がたまに存在するが，私はやってみないと分からないタイプの人間なのだから仕方がない。）

　一方で，先述したように，大学入試がどのように設計されているのか，入試の舞台裏を学ぶ会も実施してきた。大学の求めていることや入試設計の考え方に触れ，私たちの思い込みを壊す機会を得ることができた。昨今の高校現場には，「主体性評価」や「総合型選抜の枠の増加」を「生徒の個性を評価してもらえる機会の増大」と捉える風潮があるように感じるが，そもそも大学での学習に耐えうる学力は必須であり，測定する尺度が増えれば一つの突出した力だけでは合格できず，よりバランス型の受験になることに気づかされた。

　評価の物差しを増やすということは，どの物差しでも点数が取れないといけないということなので，多様性を図っているようで，逆に一芸に秀でたタイプは合格しにくくなる。入試センターの強い大学は，現在 GPA（Grade Point Average）を中心に入試の PDCA を回している。私が教員になったばかりの頃よりも，推薦入試が受かりにくくなっているように感じるのは，より学力重視の方向に動いてきたからだ。「入試あるところに対策あり」と言うが，対策があれば受け入れ側には対策避けの意識が働く。

　かつて教師の職人技で AO や推薦入試の合格を支えていた時代もあった。今もゼロではないかもしれない。生徒にとっても，自身の高校生活を自ら価

値づけして自己理解を深め，力のある教師との対話を通して志望や自身を取り巻く世界像をより明確化し，大きく成長する機会でもあるので，対策＝悪とは言い切れない面も大きいのだが，教師との出会いが合否を左右する側面をできるだけ小さくすることが「公平性」の担保には必要という大学側の考え方はある程度納得できるものだ。PBL等の探究的な学びの魅力を十分に感じつつも，高校卒業時にその着地点となる大学入試自体を見極めておくことも我々進学校の教員には求められる。そもそもいくら目の前の生徒の努力の過程や人間的な美質を評価してほしいという親心を我々高校教員が抱いたとしても，大学進学後の学習についていける基礎力が前提だ。「学力以外の指標も」とは言うものの，学力不問だったらもはや大学ではない。私たち自身，人を育てるということは，寄り添うことだけではないんだなということを考えなければならないのではないか。個人を育てると同時に，次世代の社会の担い手，社会を牽引する人材を育てるという観点を持つことも当たり前のことながら再確認したい。

　そして，教科としては，それまで実施してきた作問研究会を，「新テスト」を想定した作問の会にして，可能性と着地点を探る勉強会を実施してきた。問題作成を体験することで，できることと困難なことが感じられるだけでも学びになった。特に難関大学の記述問題において，本文読解から離れた自由度の高い記述を求めれば採点基準が曖昧になることも実感した。「共通テスト」に関しては，採点期間を考えれば，大規模な変更はできないように思われた。やってみることで，「現実」の着地点を具体的に想像できるようにしていくような学び方だった。多くの「理想」を現実に着地させている大学入試センターのご苦労の大きさも想像できた。

　これが平成27年（2015年）１月から改革が頓挫するまで，見えないものを何とか見ようとして拡散しながら，闇雲に手を伸ばした私の無駄と遠回りの足跡である。

　そこで感じたのは，PBL等のいわゆる「新しい」学びの研修で会う先生方と，大学入試研究の研修で会う先生方が重ならず，一線を画している印象が強い点だった。この対立構造を超えたところに答えを探すべきだと考える。最近でこそ変化を感じるようにはなったが，探究型の学びの会で出会う先生方は「偏差値教育や受験指導はもう終わり。生徒主体であるべきで，教師は

教えてはいけない」と言う方々が多い。一方，進路指導の会で出会う先生方は「探究なんかに時間を割いていたら受験に受からない」と言う方々が多かった。両方の会に顔を出している先生方はごく少数であった。どちらの会もあれだけ熱心に学ぼうとしている先生方が互いに相容れない様子なのに驚き，この両方を結んだところに着地点を模索しなければならないのではないかと感じている。その後，「探究と進路指導」をテーマにする業界の教育イベントも増えてきており，同じような問題意識の方々がいらっしゃるということが感じられるようになってきたことは幸いである。

　学校の中では，経済的な負担も発生していた。e-Portfolio がないと出願できない大学が出るかもしれないということで，ベネッセの「Classi」というシステムの契約をせざるを得なかった。情報を集めていたので，「不要になるはずだから契約しない」と考えていたが，予測では「万一」には勝てなかった。英語検定試験や GTEC（Global Test of English Communication）の受験も進み，低学年からのスピーキング対策もオンラインで実施していた。

　授業の面においても，対話型の授業を増やそうとする動きがあるが，対話には時間がかかる。記述対策も，今までやってきているものはあっても再考せざるを得なかった。プラスはあってもマイナスがないので，授業進度に問題が出る。また，新テスト対応の問題集を採用することになるが，対応できている業者が少ない中から選ばなければならない状況もあった。新しい何かが発表される度，現場では対応を迫られる。対応している間，通常の指導に集中できない状況が生まれる。その頻度が高ければ，集中できない状況が続くことになる。情報が飛び交う時代で，他校でやっていることで先進的な取り組みを導入しないことは保護者を不安にさせることでもあるため，どこも「右向け右」になりやすい。これまで以上に学校の主体性が求められる時代がやってきつつある。

◆◇◆
第3節　理想と現実

　裁量権を与えると，子どもたちは生き生きと活動して，自分たちはできるというふうに自己有用感や集団としての達成感を持つことができた。一方で，

その後，自分たちを信頼し過ぎて他人の意見を聞かないという状況も出てきて，「自分がOKでも，他人からもOKをもらえるように行動しなければならない」と指導してバランスを取る必要があった。独自性の発揮は心を元気にするが，行き過ぎは学びの基礎である自分以外の者に心を開くという部分が弱まる。また，共通性の指導は，他者とのつながりを生み，自分一人では思いもしなかった世界の獲得につながるが，時に窮屈さを感じる。その両方のどちらが欠けてもいい学びにはならない。よく，「チョーク＆トークの授業は古くて，PBLや探究的な学びが新しくていいもの」という言説に出会うが，形が違って見えるだけで，大事なのは手段ではなく，学びの価値を知り，自分を今よりもより良くするために学び行動しようとするマインドを育てることなのではないか。

　高大接続改革で，そもそも高校は何を変えなければならなかったのか。高大接続の必要性を説く言説として，「義務教育までの成果をつなぐ」という表現があって，小中はうまくいっているけれども高校が駄目だというようなことが書かれてあって衝撃を受けた。私は3年間中学籍で働いてきたが，中学生は高校生と比べて抽象度の高い思考に耐えられない。だから，活動的な授業を仕組まないと，集中力がもたずに授業が成立しにくい。高校になってやっと抽象度の高い思考ができるようになったのに，具体重視，活動重視の授業では，思考の抽象度が上げられない。学びは具体と抽象の往還が必要であって，具体だけでは見えないことがある。計算や漢字などの基礎力を軽視する傾向が進んだおかげで，高校教育にしわ寄せが来ている現実もある。そもそも発達段階の違う小中の指導論理を高校教育に持ち込むことの危惧を感じている。中高一貫を経験して，中高の接続をスロープにすることで，経験すべきステップが経験できないというのはマイナスなのではないかと感じている部分もある。生徒たちを見ると，理不尽なことにとても弱い。高校生にもなって，「あの人が理不尽なことをした」というふうに訴えてくる。「これから出会う人は皆自分に寄り添ってくれるはずだ」という思考は，現実がそうならなかったとき彼らを苦しめるのではないか。

　世の中の教育熱心な大人たちは，散々自分を抑えてきて大人になってから自分らしさに辿り着いたことをすっかり忘れて，先回りして自分が苦しんだ経験を子どもにさせまいとする。でも，自分と他人と向き合う苦しい時期を

すっ飛ばして，自分らしさなんて分かるだろうか。自分を抑えることもできない子どもたちに自分らしさを求めることは，忍耐力や自己コントロールの力を奪う。「先生，自分らしくとか好きなことって聞かれるけど，私は自分が分からないんです」と真剣に悩んで相談しに来る生徒たちにたくさん出会ってきた。大人の言う「頑張ることが前提の自分らしさ」と，子どもたちが思う「頑張らなくても備わっているのが自分らしさ」というずれも感じる。ここ数年その自分らしさが自分に備わっていないことを嘆き，将来を不安視して震えている子どもたちに，前を向かせることに腐心してきた。やりたいこと探しのキャリア教育で，「やりたいことが見つからない自分はダメなのではないか」と考える子どもたちが生まれている。今決めなくてもいいし，見つからなければできることを増やして，できることから選んでいく方法だってある。「今すぐ完璧な正解を選ばなければならない」という進路選択は大きな苦痛だ。高校１年生の夏には「文理選択」を迫られるシステムは高校生の発達にマッチした方法なのか甚だ疑問だ。

　百歩譲って，高校は何を間違ってきたのか。合格至上主義に陥り，人を育てる視点を失っていないかということを自己点検する必要性は感じている。行事の精選の名のもとに，多様な子が活躍する場やリーダー育成の場が失われたり，入試を意識するあまり入試受けする主体性や探究テーマを指導したり，効率を重視するあまり入試に関係ない科目を軽視するということもあるかもしれない。ただ，それはどの程度の割合なのか。

　以下は，令和４年（2022年）の共通テストのベネッセ・駿台のデータネットを利用した生徒のうち，５教科７科目受験をしている生徒の割合である。東北以外の地方も似たようなものだが，地方では７，８割の生徒が５教科７科目のフル受験をしている。東京の受験イメージとはかけ離れていることをご確認いただきたい（表５−１）。

　全科目勉強すれば，科目を絞ったときよりも手が回らず，平均点としては下がる。それでもフル受験させているのだ。もちろん，国公立大学の志願者が多いというのも一つの理由ではあるが，学校教育は受験のためにあるわけではないということを信じているからでもある。特に震災を経験した私たちは，偏差値よりも大事なものがあることに気づいてしまった。先の見えない時代と言われているが，先が見えなかったのは今始まったことではない。そ

表 5 - 1. 5 教科 7 科目受験をしている生徒の割合

（ベネッセ・駿台データネット，2022より作成）

	データネット参加者数	5 教科総合受験者の割合
山形県	3,392人	75.1%
東北地区平均	26,425人	71.8%
東京都	47,781人	34.3%

の中で，今後子どもたちを救うのは，不易と流行を見極めて，高校でつける
べき力をきっちりつけて卒業させるということだ。

　図5-1は，最後のセンター試験受験者出願先の割合をグラフにしたもの
だ。

　センター試験を利用しないのに受験している層が12万人もいる。この子た
ちは恐らく推薦などで合格は決まっているけれど，高校の学習の総仕上げと
して受験させていると思われる。効率や合理性の世の中で，保護者に理解を
求め，平均点を下げてでもせめて共通テストを，受験できるレベルの力をつ

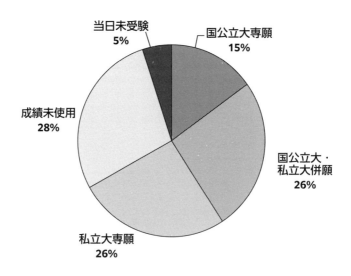

図5-1. 最後のセンター試験受験者出願先の割合

（内田・橋本，2022より作成）

けて大学に送ろうという，高校教員の気概だと私は思う。

高校が間違ってきたことの２つ目は，高校教育についてあまり私たちが発信してこなかったということだ。教育界で著名な方々の多くは，元小中学校教員の義務教育畑の先生方である。大抵は，耳障りの良い，寄り添い系の母性的な教育愛で語られる。でも，高校で必要なのは，その子の個性が社会に着地できるように，自立を目の端で見届けるような父性的な教育愛だと思う。だから，高校の先生は厳しいとか冷たいと言われる。いまいま社会に出ようとする人間を手厚くサポートするのは優しさではない。このことは高校教員にとって当たり前のこと過ぎて，言語化をしてこなかったのではないか。小学校や中学校で寄り添われて育ってきた子どもたちを，３年で社会人の卵くらいには育てなければならないのが高校だ。

それに，高校教員には不言実行の美学があるなと感じる。言い訳は格好悪いから，黙って実績出しますというタイプの先生が進学校には多いように感じる。加えて，教科や科目，勤務校によって状況が異なってしまうので，一枚岩の議論が難しいということも上げられる。だから，同じ高校教員同士でも，対話による理解が進まなかったのではないかと感じる。現在，進路指導に関するいくつかの勉強会を主催しているが，そういう場での意見交換を通じて，私たち自身が理解し合うことの重要性を感じている。

◆◇◆
第４節　入試の違和感

高大接続改革が頓挫した今，感じている３つの違和感について述べたい。まずは，何といっても，「情報」の共通テストへの導入だ。正直「まだ増やすのか」と思う。それでなくても，対話型の授業，探究活動，キャリア教育，特別活動，校外ともつながれということで，私たちが高校生だった頃よりも明らかにやることが増えている。落ち着いて教科の勉強ができないという状況の中，情報担当者は人材不足で，学校によっては系統立てて責任をもって指導することが難しい非常勤講師や，１年契約の常勤講師の先生方が担当されるケースもあるので，学校間格差が生じることは必須である。しかも，現在のカリキュラムでは，情報の単位が１年生に位置づけられている学校が多

いはずなので，3年での学び直しをするということになれば，現在の受験科目の時間を削ることになる。情報という科目の重要性は，現場はよく理解していると思うが，教育課程に位置づけることと入試に課すことは別という発想でないと，全部入試でというのはこれ以上無理なのではないかと思う。数学②や理科の平均点の低さを見ると，間に合っていない生徒が多い印象だ（今年度入試では数ⅡBの平均点が上昇した。このことだけでも共通テスト後の悲壮感はかなり軽減されたのを感じる）。新課程では数学Cの負担増の状況もあって，これ以上どうなるのだろうと思う。本当にぎりぎりの中で現場は走っているなというふうに感じている。

　第2に，共通テストはあくまでも共通ということで，個性の部分は各大学の評価軸をもって個別試験で問うてほしいと思っている。現在約9割の私立大学が共通テストを利用しているが，入試の門戸を広げることで受験生が受験しやすい環境をつくるためだと聞く。一方で，大学側に作問の余力が残っていないことをよく表しているとも感じる。でもだからといって，作問力のない大学のために共通テストの設計を変えるのは本末転倒だ。今回の高大接続の議論を経て，共通テストの内容は確実に様変わりした。実際の授業を想定した問いや複数教材を用いた問い。国語以外の教科も読む量が増えたと言われている。これまで以上に，本質的な理解を必要とする問題になってきており，難度は上がっていると感じる。こうなると，私立大学専願者に共通テストを受験するうまみはない。今後，共通テストを敬遠するようになる可能性もある。今後も難関大学には，力のある生徒たちが，努力してでも入学したいと思える魅力ある大学であり続けてほしいし，過去問を通じて高校生の見ている世界を一度壊すような，触れるべき問い・立ち向かうべき問いを提供していただきたいと思う。

　日本は先進国の中では大学進学率の低い国である。今後，進学率を上げるということが必要なはずなのに，経済力も大学の研究教育機関としての力も落ちてきている原因は何なのか。学びの世界と出会わせて，学びの価値を伝えられていない国であることの方が問題だなというふうに感じている。小論文を書かせてみると，大人の発言を真似た皮相的な言葉が躍る。実感を伴った嘘のない言葉を紡ぐことのできる生徒，他者と対話できる生徒を育てたい。そう思ってきた。現実は高校生が思うほど都合よくできてはいない。生徒と

話していて「僕たち若者がやりたいって言ってるんだから，大人は黙って賛成し，ひたすら応援するべきだ」という圧力を感じることも多い。そんなとき，「私がしたいのは対話だ。現状をよりよくするためにものを考えたいし，ものを言いたい」と言うことにしている。嫌われるかもしれないが，時に生徒の思考の壁になることも教師の仕事であり，教師なりの愛だと思う。痛みを伴い，新たな自己を手に入れる。それが「学び」なのではないか。「あなたにオススメ」が蔓延する世の中で，自分にとって耳障りのよくないことと向き合い，それを忍耐強く越えて行くことの価値を感じさせることの困難を思う。

　第3に，理想型だけが残るのか，という問題だ。大学入試センターによると，国公立大学の多くが「総合型選抜」や「学校推薦型選抜」に共通テストを利用している実態がある。入試のコストパフォーマンス（以下，コスパ）を考えれば，当然の選択だ。高校において，「総合型」や「学校推薦型」に出願する生徒は，共通テスト型の学力の面では多少不足があってもキャリアの面や探究の面，特別活動の方面で活躍してきた生徒が多い。しかし，意欲だけでは研究はできない。大学入学後の学力担保が課題になるケースがあるのだろう。学力の確認の物差しとして共通テストはうってつけのコスパの良い場だ。一方で，一般試験で受験する生徒たちは，勉強と部活動以外は特別なことをしてきていないという生徒が一般的だ。大学入学後は，主体的に自ら学びを駆動させていかなければならない点で不足があるのだろう。目的なき学びに堕することもまた問題だ。そこで，出願時に志願理由書を求める大学も増えている。結局，どちらも必要という「理想」の入試に向かっている。「多面的」評価はどこに行ったんだろうという疑問がないわけではないが，ある意味，指導の方向性がぶれない点，これまでの指導経験の蓄積が生きる点では現場にも利点があると思われる。

　近代的な機会均等の理想を推し進めた結果，「機会は平等に与えましたよ，今の状況はあなたが自分で選んだんでしょう？」という自己責任社会が出来上がっている。高校で指導していると「揺れている，発展途上の個」が常態だと感じるが，近代以降の社会は「主体たる個」を前提として出来上がっている。教師による面談も「揺れている個」を想定されたものではないことが多い。「あなたの考えを決めてきてくださいね」という面談。それは単なる

意思確認の場である。選択の自由が与えられている平等な場なら，問題は個人に還元される。「主体性」評価の前提は，「主体性」を持つ確たる個の存在であるが，揺れている一時的な個を「評価」するとはどういうことなのだろうか。個性はそもそも内部に備わったものではなく，他者とのかかわりの中で外部との相互作用で育まれていくものだとすると，「主体性」を「育成する」という形容矛盾に感じていた表現も納得できる。「子どもの発見」で「子どもを未熟な人」と捉える考え方をやめ，無理に大人扱いしたために，逆に子どもが育つ機会を奪うことになってはいないか。人権の尊重と，「発展途上の個」を対話で育てていくということは決して矛盾しないということの共有から始めなければならないのかもしれない。

◆◇◆
第5節　今後に向けて

　多様性重視の教育ということは，いろいろな人にマッチする教育を提供しなければならないということだ。理念としては美しいけれども，やる方は大変である。万年人手不足のところに，コロナ禍で ICT の波がやってきた。普段の学校運営にどのぐらいの負担が何時間上乗せになっているのだろうと感じる。新しいことをやれば，それが軌道に乗るまで時間を要する。高校は3年間しかないのだ。もっと地に足を着けて，教科の魅力を伝えたい。私は国語の教師なので，「文学をやりたい」，「国語の教師になりたい」，「人文社会学分野を学びたい」そういう生徒を育てられたらと思う。今後の教育改革は，アメリカのチャータースクールがそうであるように，教師の教材研究の時間も含めて設計されているような，働き方改革にもつながる改革であってほしい。持続可能性とともに，フィージビリティの検討が必要だ。

　また，現在，教育の効果測定は海外のものが主流である。日本人や日本社会にマッチするエビデンスベースの教育や入試にシフトする必要がある。学力の高い子ほど自己肯定感が低いのは，日本人に関しては自分に厳しいからではないか。日本人は謙譲の美徳を持っているし，自分を駄目と思っていなくても，自分大好きの回答はしないのではないか。今回，IR を実施するに当たり，教育に関するデータを取ること自体の難しさや精度の問題を感じた。

これまで述べてきた私自身の考えにも「思い込み」があることだろう。だからこそ，単なる数字の「公開」ではなく，数字と現場との対話による現状理解が不可欠だ。国家百年の計を日本文化の特質や発達段階も考慮に入れて，力を合わせて集合知として設計していくことが求められている。

　国語教師として「文学軽視」の論調に対しても私見を述べておきたい。グローバル人材とは，多様性を受容できる人のことだ。「他者の靴を履く」というエンパシーの力は，本来つながれない相手とつながるための力である。文学は実用文よりも軽視されているようだが，私は日本という国がエンパシーを問う国だということを誇りに思っている。共通テストの小説問題は，「自分だったら」では解けない。共通テストを受験する日本の18歳の半数以上の高校生たちに，「この時代の，この立場の，この人だったら」と考えさせる。日本は単なる自己主張にとどまらない，対立を超えるマインドを持つ子どもたちを育てる国なんだなと思う。入試問題は，単なる知識を問うだけではなくて，何を学んできてほしいかのメッセージでもある。大学進学後は，評論を読むことで学びの世界に入っていく。論理的な文章を読むということの意義は言うまでもなく大きい。しかし，合「理」性の時代だからこそ，そうではない発想で時代を歩む思考の幅を持たせることは重要だと感じている。

　教えてもらう学びは受身だからレベルが低く，創造する学びは能動的で積極的で主体的だから優れているという考え方に出会う。だからといって，教えてもらう学びを完全に失くしたら優れた人を育てられるのだろうか。完全オリジナルに辿り着く人は研究者の方々の中でもどのくらいなのだろう。「審査員」と称された無責任な大人の，プロセス無視の「探究賛美」には辟易とさせられる。「大人の驚く発想」を常に求められる場で，「変わったことを言うこと」だけが評価軸になることは本当に子どもたちを育てることになるのだろうか。好きなことがある子，探究したいテーマがある子に対して，「やりたいことだけじゃなくやるべきこともやりなさい」ということは「やりたいことを奪う」という理由でタブー視され始めている。「本人のやる気を奪うな」というのも教育界でよく耳にする。しかし，ちょっとやそっと批判されたくらいで奪われるようなやる気なんて，もはや「やる気」とは呼べないのではないか。視野を広げ，やりたくないことをやってでも学びたいことに出会わせていくことが必要だと思うものの，青い鳥探しに夢中になって，

迷子になることを称揚するのは本末転倒だ。

京都大学の山中伸弥氏は，「夢を叶えるには『VISION』と『HARD WORK』が大切だ」と述べているが，魅力的な「VISION」を言葉巧みに話せる能力だけが先行し，「HARD WORK」を厭う生徒が量産されている。この３年間，コロナ禍であらゆるものを諦めさせられてきた子どもたちである。あらゆるものを諦めやすい環境で，「いくらでも楽に生きられる」という少数派のロールモデルを垂れ流すことを是とする社会には明るい未来を感じられない。都会の幼い頃から訓練された「HARD WORK」erたちに，地方の牧歌的に「VISION」だけを語る生徒たちは大学入試においてますます勝てなくなっていくだろう。学校では「VISION」を，塾で「HARD WORK」を，と棲み分けられる環境がある生徒に有利な状況は今後も続くはずだ。地方公立高校の受難の時代も続いていく。

大学の先生に「高校で学んだことを忘れろというところから大学の教育はスタートする」と聞いたことがある。私たち高校教員は，生徒たちにいつかアンラーンされるために指導しているのだと考えると虚しさを感じるが，「どうせアンラーンするのだから初めから教えない」というのではアンラーンによる学びは起こらない。私は６年間付き合った教え子たちに高校最後の授業でこう伝えた。「中学の学びは，高校から見れば未熟な内容を含んでいたと感じるように，大学に行けば高校で学んだこととは違う世界が見えるだろう。君たちはそのとき私たち高校教員を越えるのだ。君たちに越えてもらうために私たちは存在する。今の私の精一杯で指導はするが，それまでの学びはいつも新しい学び以下にしかならない。教師というのはそういう意味で悲しい仕事なのかもしれない。けれども，いつかアンラーンされる学びがあることで，私たちはその先の世界に入って行けるのだ。私たちはその先の世界の入り口まで君たちを誘う道先案内人に過ぎない。」

合理性や効率性を良しとする世の中では，「アンラーンするために学ぶ」という発想は生まれにくいものだろう。でも，人間はそうした一見無駄や遠回りに見えるものをも取り込んで成長し生きていく生き物なのだと思う。中高一貫校で６年間の指導を経験し，生徒たちの成長に応じて，教えてきたことを何度もアンラーンさせていく機会を得て，そんなことに気づかせてもらった。いつも生徒たちは私たちの先生だ。

　最後に，「学校は共通言語の獲得の場だ」ということを改めて共有したい。学校というところは，ぬくぬくとした「個人内言語」の世界を出て，良くも悪くも他者とつながるための共通項を学ぶための場なので，これまでの自分を壊し，自分の外部を内に取り入れるための痛みを伴う場でもある。「個性を大事に」という言説は，「個の尊厳を守る」という点において何の異論もないが，学校現場という「共通言語」の獲得の場で「個人内言語」の世界に留まることを推奨する矛盾が起きやすいことも指摘しておきたい。

　学びはある種の自己破壊なので，とても怖いし，仲間が必要なのだ。中には，他人に頼らずに幼い頃から自分をしっかりもって行動できる人もごく少数ではあるが存在するようだ。しかしながら，自分とは違うタイプの子どもたちを想定し，それぞれに伸ばすことを学校教育は求められている。学校での学びは，知識習得が全てではない。学び方を学び，世界と向き合うマインドや生きる哲学を学ぶ場でもある。そして何よりも，子どもたちは生き物である。理想どおりには動いてくれない。最近現場では，高度に理想化された教育理念を押し付けられ，現実とのギャップに苦しめられることが多くなった気がする。東北大学の倉元先生は「大学入試は妥協の芸術」とおっしゃっているが，我々高校教員も理想を仰ぎ，現実に涙しながら，それでも目の前の生徒たちには誠実でありたくて，「今ここでの最善とは何か」，「最適解は何か」ともがいている「妥協」の日常を生きている。それは，入試を仕切られている大学の入試センターの先生方のギリギリのせめぎ合いには及びようもないかもしれないが，決して諦念によるものではなく，高い理想と厳しい現実のせめぎ合いの中で，日々切実に誠実に我々の内側で鋭い葛藤の結果行われているものだ。高大接続も，コロナ対応も，現場はそれらを丸ごと引き受けて日々走っている。多くの高校教員仲間が，生徒とともに誰に見られていなくても，時に理想を打ち砕かれて涙したり，生徒の成長に胸を熱くしたりしながら，教師としての自分の花を静かに咲かせて生きている。現場の体温を感じていただき，心ある行政マン，大学人とともに，日本の子どもたちのためによりよい教育，よりよい入試をつくっていけたら幸いである。

文献

ベネッセ・駿台データネット（2022）．2022年度ベネッセ・駿台データネット　大学

入学共通テスト自己採点集計　ベネッセ・駿台データネット Retrieved from https://dn-sundai.benesse.ne.jp/dn/dn2022/doukou/dnbook/index.html（2023年 3 月29日）

内田 照久・橋本 貴充（2022）．転換期の共通試験の受験者動向──センター試験から共通テストへ──　日本テスト学会誌, *18*(1), 1-16.

第6章

入試をめぐる行政と現場との対話
——高校入試と大学入試を比較して——[1]

宮本　久也

第1節　入試における教育行政と学校現場との
対話の重要性

　言うまでもなく，入試は受験生の将来を左右する非常に大きな関門である。特に入試制度の変更は，受験生だけでなく実際に受験生を指導する，高校入試の場合は中学校，大学入試の場合は高等学校の教育に極めて大きな影響を与える。したがって，入試制度の改革を実施するにあたっては，選抜をする側，受験生を送り出す側の双方が制度改革の意義やねらい，具体的な方法について十分納得した上で行うべきである。そのためには双方（大学入試の場合は大学と高等学校）の対話も重要であるが，それ以上に制度変更を主導する教育行政（大学入試の場合は事務局である文部科学省）と入試の当事者（学校現場）との対話が極めて重要となる。

　しかしながら，現在進められている大学入試改革においてはそうした対話が十分行われているとは言えない。その結果，令和元年（2019年）11月には大学入学共通テストの枠組みにおける英語民間資格・検定試験（以下，英語民間試験）の活用が，12月には国語と数学の記述式問題導入が見送られるという，大学入試改革の2つの目玉施策が消える事態が生じた。

　本稿では，筆者がこれまでかかわってきた高校入試と大学入試の比較や，大学入学共通テストの枠組みにおける英語民間試験の活用見送りに至る経緯

1　本稿は，第36回東北大学高等教育フォーラム「大学入試政策を問う——教育行政と教育現場の『対話』——」（令和4年（2022年）5月18日）において，現状報告2「入試をめぐる行政と現場との対話——高校入試と大学入試を比較して——」として発表した内容を加筆修正したものである。

の検証などを通して，その課題を明らかにしたいと思う。もちろん，高校入試と大学入試は規模や仕組みが異なり単純に比較することはできない。しかし，入試をめぐる教育行政と学校現場との対話という面では比較できる点も多いと思われる。2つの入試の比較を通してわかることを以下に述べる。

◆◇◆

第2節　筆者と入試とのかかわり

　筆者は，平成8年（1996年）から16年間東京都教育委員会で教育に関する指導事務にあたってきた。筆者が東京都教育委員会で勤務し始めた頃は「都立高校改革」が始まった時期であり，進学指導重点校の指定をはじめ東京都立高等学校（以下，都立高校）の進学対策の強化や，小・中学校で不登校を経験したり高等学校で中途退学を経験したりして，これまで能力や適性を十分に生かしきれなかった生徒の学び直しを目的としたチャレンジスクールや都立中高一貫教育校などの多様なタイプの学校の設置等，様々な施策が進められた。同時に都立高校の入試制度改革も進められ，平成13年（2001年）には進学指導重点校などで各校が入試問題を作成し選考する自校作成方式が，平成15年（2003年）には全国に先駆けて島しょ地域を除く普通科の学区撤廃を行うなどの施策が開始された。筆者もそれらの改革に様々な形でかかわり，特に学区撤廃については直接の担当者として準備段階から実務にあたった。また平成20年（2008年）には入学選抜担当副参事として都立高校入試全体の実務を統括した。そして平成24年（2012年）以降は都立高校長として入学者選抜を実施している。

　一方，大学入試に関しては，平成27年度（2015年度）から平成29年度（2017年度）にかけて全国高等学校長協会（以下，全高長）会長として，文部科学省や大学入試センターが主管する大学入試に関する委員会等に参加した。ちょうど高大接続改革の審議が本格化する時期であったので，高大接続システム改革会議（平成27年（2015年）3月〜28年（2016年）3月）やその後の大学入学希望者学力評価テスト（現 大学入学共通テスト）の検討・準備グループなど様々な制度設計に直接かかわった。

第3節　入試におけるフォーマルな対話と
インフォーマルな対話

　筆者は，全ての対話においてフォーマルな対話とインフォーマルな対話の２つの対話があると思う。どちらか一方の対話しかできない場合双方の意思疎通は難しく，２つの対話が適切に行われて初めて良好な関係が築ける。これは入試についても全く同じである。

１．フォーマルな対話

　入試におけるフォーマルな対話は，入試を主管する事務局が設置する審議会や委員会等での議論や意見交換である。

　都立高校入試の場合は，東京都教育委員会が設置する「東京都立高等学校入学者選抜検討委員会」である。この委員会は，毎年４月に設置され，その年の１月に実施された推薦選抜，２月に実施された一般選抜（学力検査）等に関する様々なデータや実施上の課題等をもとに約３カ月審議をして，翌年の入試の方向性を決めていくものである。また，東京都公立中学校長会の中には進路対策委員会，東京都公立高等学校長協会の中には入選検討委員会という都立高校入試を専門に検討する委員会があって，それぞれ前年度に実施された入試の課題等についての検討が行われている。東京都教育委員会の事務局の担当者はそれらの会議に必ず出席し，入試に関する様々な課題を把握し，制度や実施に関する校長への説明や意見交換を行っている。また，中学校，高等学校それぞれの委員会のメンバー合同の会議も年間数回開催し，事務局を交え意見交換を行っている。

　一方，大学入試の場合は，文部科学省が令和３年（2021年）４月から恒常的な審議会として設置した「大学入学者選抜協議会」がそれにあたる。それ以前は「大学入学者選抜方法の改善に関する協議」という審議会が例年４月から７月にかけて開催され，次年度の「大学入学者選抜実施要項」や「大学入試センター試験（現　大学入学共通テスト）実施方針」等について検討していた。また，大学入試センターでも「運営審議会」が設置され，試験実施を中心に大学入試センターの事業についての審議が行われている。これ以外

にも大きな入試制度改革に際しては「高大接続システム改革会議」や「大学入試のあり方に関する検討会議」（令和元年（2019年）12月～令和3年（2021年）7月）などの審議会が設置され，改革の方向性についての審議が行われる。

　個別大学を見てみると，多くの国立大学ではその地域にある高等学校の校長協会代表と定期的に意見交換をする場を設けている。また，大学が設置する入試に関する委員会に校長代表が委員として参加しているところもある。

２．都立高校入試と大学入試のフォーマルな対話の場の違い

　筆者は都立高校入試，大学入試双方の会議に出席したが，最大の違いは会議の構成員のバランスである。表6-1は「令和5年度東京都立高等学校入学者選抜検討委員会」の委員名簿である（令和5年度東京都立高等学校入学者選抜検討委員会，2022）。委員総数は25名で，内訳は有識者2名，区市町村教育委員会代表2名，PTA代表2名，都教育庁代表6名，中学校代表6名，都立高校代表7名である。有識者とPTA代表，都教育庁代表を除く15名を見てみると中学校関係者8名，高等学校関係者7名と中学校関係者の方が1名多い。また，有識者も高等学校，中学校に直接関係した方ではないまさに中立的立場の方である。

　表6-2は令和4年（2022年）5月現在の「大学入学者選抜協議会」の委員名簿である（文部科学省，2022）。委員総数は17名で内訳は，大学関係団体代表7名，高等学校関係団体代表4名，PTA代表1名，都道府県教育委員会代表1名，大学入試センター代表1名，有識者3名である。有識者は全員大学関係者であり，大学入試センター代表，PTA代表を除く15名を見てみると大学関係者10名，高等学校関係者5名となり大学関係者が高等学校関係者の倍の人数となる。この傾向は大きな入試制度改革を検討する審議会ではもっと顕著となり，「高大接続システム改革会議」では27名の委員のうち大学関係者16名，高等学校関係者5名（文部科学省，2016），「大学入試のあり方に関する検討委員会」では18名の委員のうち大学関係者12名，高等学校関係者3名（文部科学省，2021a）であり，高等学校側の委員の数が圧倒的に少なくなっている。

この背景には事務局である文部科学省担当者や大学関係者に「大学入試は大学が行うものであり大学で決めるものである」という考え方が強く残っていることにある。筆者自身会議の席上でも大学関係者との会話の中でもこの言葉を何度も聞いており，これが大学入試に対する文部科学省や大学側の考え方だということを強く感じ違和感を覚えた。

次に審議会での議論の内容である。都立高校入試に関する会議では，中学

表6-1．令和5年度(2023年度)東京都立高等学校入学者選抜検討委員会委員名簿
(令和5年度 東京都立高等学校入学者選抜検討委員会, 2022, p.47より作成)

区　分	氏　　名	職　　　　　名	備　　考
外部有識者	藤田　保	上智大学教授	
	増渕　達夫	帝京大学教授	
区市	赤津　一也	文京区教育委員会教育指導課長	
	木下　信久	東村山市教育委員会教育部次長	
保護者	関口　哲也	東京都公立中学校PTA協議会　会長	
	内海　潤	東京都公立高等学校PTA連合会　会長	
教育庁	藤井　大輔	教育監	委員長
	村西　紀章	都立学校教育部長	副委員長
	小寺　康裕	指導部長	
	瀧沢　佳宏	指導推進担当部長	
	池上　晶子	高校改革推進担当部長	
	佐藤　聖一	教育改革推進担当部長	
中学校	山口　茂	国立市立国立第三中学校長	
	並木　浩子	昭島市立昭和中学校長	
	齋藤　真	あきる野市立東中学校長	
	佐藤　太	港区立御成門中学校長	
	稲葉　裕之	荒川区立第四中学校長	
	遠藤　哲也	葛飾区立新宿中学校長	
高校	梅原　章司	都立日比谷高等学校長	
	大場　充	都立稔ヶ丘高等学校長	
	吉田　寿美	都立上野高等学校長	
	井戸　康文	都立小平西高等学校長	
	堀江　敏彦	都立飛鳥高等学校長	
	青木　薫	都立大森高等学校長	
	小杉　聖子	都立駒場高等学校経営企画室長	
事務局幹事	臼井　宏一	都立学校教育部高等学校教育課長	
	山田　道人	都立学校教育部入学選抜担当課長	幹事長
	西　雅生	都立学校教育部高等学校教育課統括指導主事	
	加野　哲朗	都立学校教育部学校経営指導担当課長	
	光永　功嗣	都立学校教育部都立高校改革企画調整担当課長	
	栗原　健	指導部指導企画課長	
	藤田　修史	指導部企画推進担当課長	
	市川　茂	指導部義務教育指導課長	
	堀川　勝史	指導部高等学校教育指導課長	

表6-2．大学入学者選抜協議会委員名簿（令和4年（2022年）5月）

（文部科学省，2022より作成）

イシザキ　ノリオ 石崎　規生	全国高等学校長協会（会長） 東京都立桜修館中等教育学校長
イズミ　ミツル 泉　満	一般社団法人全国高等学校PTA連合会（代表理事・会長） 株式会社桜設備設計・代表取締役
エンゲツ　カツヒロ 圓月　勝博	一般社団法人日本私立大学連盟（教育研究委員会委員長） 同志社大学学長補佐
オオバヤシ　マコト 大林　誠	公益財団法人産業教育振興中央会 東京都立芝商業高等学校長
オオヤマ　サトシ 大山　敏	全国高等学校長協会（大学入試対策委員会委員長） 東京都立豊島高等学校長
オキ　キヨタケ 沖　清豪	早稲田大学文学学術院・教授
カワシマ　タツオ 川嶋　太津夫	大阪大学スチューデント・ライフサイクルサポートセンター長・ 特任教授（常勤）
クガ　ヨシカズ 空閑　良壽	一般社団法人国立大学協会（入試委員会副委員長） 室蘭工業大学長
コダマ　ヒロアキ 兒玉　浩明	一般社団法人国立大学協会（入試委員会委員長） 佐賀大学長
シバタ　ヨウサブロウ 柴田　洋三郎	一般社団法人公立大学協会（指名理事） 福岡県立大学理事長・学長
シマダ　ヤスユキ 島田　康行	筑波大学人文社会系教授
タカダ　ナオヨシ 髙田　直芳	全国都道府県教育長協議会（理事） 埼玉県教育委員会教育長
タケナカ　ヒロシ 竹中　洋	一般社団法人公立大学協会（副会長） 京都府立医科大学長
タナカ　コウイチ 田中　厚一	日本私立短期大学協会（副会長） 帯広大谷短期大学長
ナガツカ　アツオ 長塚　篤夫	日本私立中学高等学校連合会（常任理事） 順天中学校高等学校長
ヤスイ　トシカズ 安井　利一	日本私立大学協会（大学教務研究委員会委員長） 明海大学長
ヤマグチ　ヒロキ 山口　宏樹	独立行政法人大学入試センター理事長
（臨時協力者）	
スズキ　モトイ 鈴木　基	国立感染症研究所感染症免疫学センター長
ヤナギモト　シンタロウ 柳元　伸太郎	東京大学保健・健康推進本部・教授
ワダ　コウジ 和田　耕治	国際医療福祉大学医学部公衆衛生学・教授

校側委員の多くが校長を務める学校のある地域の状況を，高等学校側委員の多くが普通科，専門学科などの校種や校長を務める学校のある地域の状況を把握した上で発言するため，深く高い視点からの議論が行われることが多い。また，有識者の委員の方も都立高校入試の制度や現状について精通されているので大所高所からの発言が多い。

　一方大学入試に関する会議では，多くの委員の方がご自分の経験やご自分が現在関わっている学生等の状況に基づいて発言されている。組織を代表して出席されている委員の方でも同様の方が多かった。筆者自身は全国の高等学校長の代表として会議に参加することが多かったので，協議内容について事前に役員の方と話し合ったり協会が把握している情報や資料に目を通したり，地方の校長先生や様々な情報提供をしてくださる先生方の意見を収集したりした上で発言するよう心掛けていた（現在委員となっている校長も同様である）が，そのような視点からの意見が残念ながら少なかったように感じる。また，委員の多くは首都圏に居住しているので，特に地方など様々な条件下で厳しい状況にある方たちの声が反映されにくい状況にある。

3．インフォーマルな対話

　都立高校入試の場合は，日常的に公立の中学校や都立高校から都教育委員会にある事務局にどんどん情報が入ってくる。また，必要に応じて事務局と中学校，あるいは事務局と高等学校，あるいは中学校・高等学校同士で情報交換を行い，非常に風通しがいい状況にある。

　大学入試については，事務局と大学との関係は筆者にはよく分からないが，事務局と全高長関係者については日常的な会話は基本的にはない。ただし審議会の議題となる重要な案件などについては，文部科学省の事務局の方（大学入試に関する内容の場合，高等教育局大学振興課大学入試室）や大学入試センターの担当者の方が全高長の事務局や委員となっている校長のもとを訪ね事前に説明をして意見を聞き，その内容を審議に反映するということはしばしばある。また，審議会等で文部科学省に出向いた際に会議の前後で意見交換することもある。しかし，普段はなかなかインフォーマルな会話というのはできる状況にはない。

　ただ筆者が大変幸運だったのは当時文部科学省で高大接続改革を担当して

いた審議官や高等教育局大学振興課大学入試室の方々，大学入試センターの理事長をはじめ関係者の方が高等学校側の意見を聞こうという姿勢を見せてくださっていたことである。そのおかげでフォーマルな場である審議会とは別に文部科学省や大学入試センターの担当者の方と筆者を含めた全高長の役員あるいは関東近県の校長代表が非公式に意見交換する場を何度も設けていただき，現場の声を直接文部科学省に届けることができた。このことは，高等学校側の声を行政に届けるだけにとどまらず校長代表が文部科学省や大学入試センターの施策に対する理解を深めることにもなり，双方にとって大変有意義であった。しかし，今考えてみるとこれはあくまでも例外的なことであって，基本的にはこうしたインフォーマルな会話の機会はほとんどない。つまり，フォーマルな対話は制度の中でつくられており常に行われるものであるが，インフォーマルな対話は担当者の人柄や行政側のスタンスによって大きく左右される。例えば文部科学省の担当者が替わると，突然インフォーマルな会話ができにくくなるという状況も実際に起こっている。

第4節　大学入試において行政と高校現場との対話が十分できない理由

　これまで述べてきたように，高校入試については事務局と現場の対話はできているし，学校間（中学校と高等学校）の対話もできている。しかし大学入試に関しては行政と現場，特に高校現場との対話は十分ではない。その最大の理由は事務局の構成員の違いである。都立高校入試の場合，事務局職員の約3分の2が公立中学校や都立高校の教員経験者であり，残りの約3分の1が行政プロパーである。また，事務局の責任者が高等学校経験者の場合は副責任者を中学校経験者，責任者が中学校経験者の場合は副責任者を高等学校経験者が務めることが慣例になっている。したがって，事務局が現場（中学校，高等学校）の状況を熟知し，その経験や情報を基に双方の理解を得られるような原案を作成し，必要に応じてその案をインフォーマルな対話によって双方の現場に示し，いわゆる瀬踏みをして落としどころを決めていく。また，事務局と現場との距離が近いので，現場の反応や声が入りやすいとい

うこともある。

　一方，大学入試については，筆者の偏見かもしれないが高等学校の状況をわかっている方はあまりいないように思う。この原因の1つには，文部科学省では高等学校は初等中等教育局の所管であり，大学入試を所管する高等教育局は日常業務の中で高等学校との接点がほとんどないことにある。つまり，事務局の方々にとって高等学校の声や反応というのは，普段の業務遂行に影響はないということである。しかし，筆者がかかわってきた高大接続改革の初期にあたる「高大接続システム改革会議」の段階では，この改革は初等中等教育局と高等教育局の共管で行うということで，初等中等教育局教育課程課の担当者と高等教育局大学振興課や大学入試室の担当者が緊密な連携を取っていた。会議や事前の打ち合わせにも必ず双方の担当者が一緒に参加されていたし，筆者たちとのインフォーマルな会話にも一緒に参加されていた。また，初等中等教育局の担当者との打ち合わせの中で大学入試に関連する内容が出た場合にはその内容を高等教育局の担当者に伝えてくれるなど非常に助かった。しかし平成28年（2016年）3月に高大接続システム改革会議の最終報告が出され，具体化に向けての検討組織として「大学入学希望者学力評価テスト（仮称）検討準備グループ」，「大学入学者選抜方法の改善に関する協議」，「高等学校基礎学力テスト（仮称）検討準備グループ」が設置されると，前2つの組織は高等教育局が，残る1つの組織は初等中等教育局が担当することとなり，両局の連携が弱くなった。それでも最初のうちは双方の担当者がそれぞれが主管する会議に参加していたが，やがて担当者が変わるとそれもなくなってしまった。

第5節　大学入学共通テストの枠組みにおける英語民間試験の活用見送りに見られる教育行政と高校現場との対話

　令和元年（2019年）11月1日，当時の萩生田文部科学大臣は，大学入学共通テストの枠組みにおける英語民間試験の活用を延期し制度を抜本的に見直すことを発表した（毎日新聞，2019）。この制度の前提となる「大学入試英語成績提供システム」運用開始のわずか5ヵ月前の発表となり，高等学校は

混乱した。しかし，翌令和2年（2020年）初めより世界的に感染拡大した新型コロナウイルス感染症により，我が国においても1年以上にわたりほぼすべての英語民間試験が実施できなかったことを考えると，この時期の判断は結果的に混乱を最小限に抑えたことになる。

　文部科学大臣は会見において活用延期の理由を，「文部科学省としては，大学入試センターを通じてということもあり，民間試験団体との連携・調整が十分でなく，各大学の活用内容，民間試験の詳細事項の情報提供不足など，準備の遅れにつながることになった」と述べた。文部科学省が実施を決定した施策がこのような理由で延期（実質的には中止）となることは文部省時代を含めて極めて異例なことである。この施策の検討開始からかかわってきた筆者から見ると，大きな要因は行政（文部科学省）と高校現場（全高長）との対話が不十分であったことにあると思う。施策決定から活用延期までの文部科学省と高校現場との対話の様子を振り返りながら要因を探ってみたい。

1．施策決定に至るまでの対話

　英語民間試験の活用については，平成28年（2016年）4月から設置された「大学入学希望者学力評価テスト（仮称）検討準備グループ」において決定された。委員としてこの会議に参加していた筆者は，審議の状況を全高長の役員，事務局に伝え役員間で協議するとともに都道府県協会長会議や全高長の組織の1つである大学入試委員会が実施するアンケート調査により多くの会員からの意見を集約し，この施策には①学習指導要領との整合性，②異なる資格・検定試験をCEFRの基準で見ることの妥当性，③地域格差・経済格差，④公平性・公正性の4つの課題があることを指摘し，実施に向けてはこれらの課題の解決が不可欠であるとの考えを伝え続けた。また，全国高等学校英語教育連盟会長など英語教育に精通している校長とともに文部科学省を訪れ，専門的な見地からの意見を伝えるいわゆるインフォーマルな対話を数度にわたって行い，事務局に対して慎重な検討と判断を求めた。

　文部科学省も英語民間試験の活用に大きく舵を切ったものの，4つの課題については理解しており，①，②の懸念については会議において公式見解（我々の懸念を十分納得させるものではなかったが）を示すなど，この時点では課題解決に向けて主体的に努力する姿勢がうかがえた。

2． 施策実施に向けての課題解決を要望するまでの対話

　大学入学共通テストの枠組みにおける英語民間試験の活用に向けて，大学入試センターにおいて「英語成績提供システム」を整備することとなった。このシステムは大学入学共通テストを受験予定の高校3年生（および浪人生）が活用できる二度の英語民間試験の成績を管理するためのものである。受験回数の制限は地域格差や経済格差の是正につながるものであり，地方の協会長を中心に多くの要望が全高長に寄せられ，全高長としても大学入試センターとの対話を重ね実現にこぎ着けた。その一方で大学入試センターから依頼のあった制度の周知やシステムの申し込みなどに協力した。また，文部科学省も民間事業者を加えた非公開の「4技能評価ワーキンググループ」を設置するなど実施に向けた準備を進めた。

　施策実施に向けて高等学校側の最大の懸念は，英語民間試験の受験を希望する高校生が，希望する種類の試験を希望する時期や場所で受けられるかということであった。約60万人もの共通テスト受験希望者が英語民間試験を最低2回受験するとなれば約120万人分の受験機会を確保しなければならない。しかもその結果が大学入試の合否判定に大きな役割を果たすとなると，試験実施に際しては現在の実施形態以上の厳密さが求められるなど実施に向けてのハードルは相当高くなることが容易に予想できた。

　そこで全高長として，受験者が多くなると予想されるGTEC，英検，ケンブリッジ英検の3事業者と直接意見交換する場を何度も設けるとともに，各都道府県の協会長等から様々な情報を入手し状況把握に努めた。その結果，活用見送りが決定された1年以上前の平成30年（2018年）7月末の段階で，早急に課題解決に向けての抜本的な改革をしなければ到底令和2年（2020年）4月からのシステム運用開始に間に合わないという結論に至り，直ちに文部科学省の担当者と非公式な話し合いを持ちその旨を伝えた。しかし，文部科学省の担当者は「民間事業者からはそのような報告は受けていない。スケジュール通り実施できると聞いている」などとして，全高長からの声に耳を傾けず，自ら事態の把握や課題解決に乗り出すことをしなかった。また，この頃を境に文部科学省の担当者は全高長との非公式な話し合いを避けるようになった。これに対し，大学入試センターは以降も公式，非公式に様々な対話に応じてくれ，課題解決に誠実に取り組んでくれた。

その後も民間事業者の準備は遅々として進まず，また文部科学省も地域格差・経済格差，公平性・公正性など当初から指摘されていた課題解決に向けての動きがほとんど見られなかった。文部科学省が民間事業者を加えて設置した「4技能評価ワーキンググループ」で全高長から出席していた委員から様々な指摘や質問・要望を行っても，この会議は進捗状況を確認するためのものであるとして，民間事業者からの報告をただ追認するような状況であった。

　全高長としては，民間事業者の準備状況や都道府県協会，高等学校からの報告を踏まえ，令和元年（2019年）7月25日，文部科学大臣に対し6点の事項を挙げ，責任を持って早急に事態の収拾にあたるよう要望書を提出した（全国高等学校長協会，2019a）。しかし，文部科学省はその後も主体的に事態収拾に動かず，全高長は9月10日に文部科学大臣に実施の延期と制度の見直しを求める要望書を提出した（全国高等学校長協会，2019b）。これを契機にこの問題は大きな注目を集めるようになり，マスコミからも文部科学省に対し事態の早期解決を求める論調が強くなり，また研究者を中心に反対の動きが出るなど社会問題に発展し，国会でも取り上げられるようになった。この頃になって文部科学省も本腰を入れて課題解決の努力を進めたが解決に至らず，11月1日の活用延期の発表に至ったのである。

3．一連の経緯から明らかになったもの

　大学入学共通テストの枠組みにおける英語民間試験の活用延期の要因については，「大学入試のあり方に関する検討会議」でも検証されているが，当事者の一人としてこの件に関わってきた筆者が最大の要因と思うのは行政（文部科学省）担当者の対話力の不足である。前項で述べたように全高長は民間事業者との対話や高校現場からの情報収集等により，活用見送り決定の1年以上前に，このままでは令和2年（2020年）4月からのシステム運用開始に間に合わないという結論に至り，その旨を文部科学省の担当者に伝えている。しかし，文部科学省はその情報を確かめもせず自らが設定したスケジュール通りにその後も準備を進め，我々が描いた最悪のシナリオ通りにことが進み最終的に活用延期に至った。

　行政担当者の対話力の不足は我々全高長に対してだけではなく，民間事業

者に対しても同様であった。民間事業者を加えた非公開の「４技能評価ワーキンググループ」を定期的に開いて課題や進捗状況を把握することになっていたが，民間事業者等からの報告を一方的に聞く場面が多く，本質的な検討や議論は行われなかった。加えて「英語成績提供システム」の参加要件に含まれないことは指導できないことを理由に，民間事業者への直接の働きかけを行わなかった。ほとんどの民間事業者と全高長は最後まで誠意ある対話を続け，全高長からの質問や要望に耳を傾けてもらい，また事業者からも実施上の課題や現状について率直に話してもらった。残念ながら民間事業者との対話の中で民間事業者と文部科学省担当者との間でそのような率直な意見交換がなされているようには感じられなかった。全高長としては文部科学省の担当者に対し公式，非公式に様々な情報提供や課題の指摘を行ってきたが，文部科学省の担当者は最後まで民間事業者の準備状況や課題を直接把握したり改善に向けた指導したりすることなく，民間事業者任せにしたことがこのような事態を招いた大きな要因である。

◆◇◆

第6節　大学入試改革に対する高等学校側（全高長）の 対話のスタンス

　大学入学共通テストの枠組みにおける英語民間試験の活用延期の経緯の中で，全高長からの要望書の果たした役割が大きかったことから，全高長は大学入試改革に反対であるといった見方をされる方が多いように感じるが決してそうではない。第5節第1項と第2項で述べたように当初から課題は指摘しつつも実施に向けて「英語成績提供システム」の周知や申し込み等に協力してきた。しかし，課題解決の見通しが立たないことや民間事業者の準備が進まずこのままでは受験生を大混乱に陥れる可能性が極めて高いことから，ギリギリのタイミングで活用延期の要望書を提出したのである。

　このスタンスは現在も変わっていない。高等学校側としても大学入試改革の必要性は十分理解しており，必要な改革を進めることに異論はない。ただ，高等学校の置かれている状況は地域や校種等によって様々であり，改革の実施にあたっては高等学校側が抱いている導入に対しての課題や不安について，

行政から納得のいく説明や解決策が示されることが必要である。全高長としては各都道府県からの情報や意見を集約して課題や要望を整理し，文部科学省とフォーマル，インフォーマルな対話を通して円滑な実施に向けての情報発信や意見表明を行っている。

第7節　大学入学共通テスト出題教科「情報」の取扱いについて

　令和4年度（2022年度）から高等学校においても新学習指導要領に基づく教育活動が学年進行で実施されている。これを受けて大学入学共通テストも，令和7年度（2025年度）から新学習指導要領に対応したものとなり，令和2年（2020年）秋に大学入試センターから検討中の案が示された。科目の構成が大きく変わった「地理歴史」及び「公民」や「数学C」の扱いなど，高等学校側にとって各校の教育課程編成に苦慮する点も少なくなかったが，最も大きな問題は新たに教科「情報」が出題科目に加わったことである。大学入試センターはその理由として，①「情報Ⅰ」が必履修科目である，②「未来投資戦略2018──『Society5.0』『データ駆動型社会』への変革──（平成30年6月15日閣議決定）」により「大学入学共通テストにおいて，国語，数学，英語のような基礎的な科目として必履修科目『情報Ⅰ』を追加する」とされていることを挙げ，必履修科目「情報Ⅰ」の内容を「情報」として出題するとした（大学入試センター，2021）。

　新教科の導入は，昭和54年度（1979年度）から開始された共通第1次学力試験開始以来今日までなく，高等学校教育に与える影響は大変大きい。

　大学入試センターから検討中の案が示されて以降，全高長には各都道府県高等学校長協会から「情報」の導入を危惧する声が多く寄せられた。最も多かったのが情報科を指導する教員の配置が十分でない地域があるということである。文部科学省（2021b）の「高等学校情報科担当教員に関する現状について」（令和2年（2020年）5月1日時点）によると，全国の高等学校で情報科を担当している教員（5,072人）の23.9％（1,210人）が臨時免許状または免許外教科担任となっている。また，臨時免許状・免許外教科担任が1

人以上いる都道府県・政令指定都市は66のうち48であり，そのうち上位8県ではその割合が50%を超えている。文部科学省は各都道府県，政令指定都市に対し情報科担当教員の専門性向上及び採用・配置の促進に向けての働きかけを強めているが，多くの都道府県等で人口減少により高等学校の統廃合など再編計画が進められ，学校規模が縮小される傾向がある中で専任の情報科教員の配置が難しいなど，地域間の格差是正が簡単に進められない状況が見られる。

　次に多かったのは，受験者の負担の増加に関する危惧である。教科「情報」の追加により，受験生は現在より多くの科目を受験することとなる。また，「数学」についても「数学Ⅱ，数学B，数学C」の内容を出題範囲とする新たな科目が設定されることとなり，これらを合わせて受験する場合の学習上の負担と現在2日間で行われている試験時間内に収めるとすると受験生の負担が相当増すのではないかという懸念である。また，浪人して令和7年度（2025年度）の大学入学共通テストを受験する旧教育課程学習者に対する影響を最小限に抑えるための配慮を求める声も多かった。

　全高長としては，教科「情報」の大学入学共通テストへの導入は認めるものの，各都道府県の高等学校長協会からの懸念の声を踏まえ，新課程履修者と旧課程履修者が混在する導入初年度に限定して「情報Ⅰ」を課す大学を真にその教科の学習が必要な大学に限定するよう，フォーマルな対話の場である「大学入学者選抜協議会」で要望した。また，国立大学協会に対しても同様の要望を行った（全国高等学校長協会，2021）。併せて各都道府県の高等学校長協会に地元の国公立大学に地域の実情を説明し配慮を求めるよう伝えた。国公立大学によっては状況を理解してくれたところもあったが，最終的には国立大学協会の方針に従うという回答がほとんどであった。令和4年（2022年）1月28日に国立大学協会は「2024年度以降の国立大学の入学者選抜制度——国立大学協会の基本方針——」を発表し，「2024年度に実施する入学者選抜から，全ての国立大学は，『一般選抜』においては第一次試験として，高等学校等における基礎的教科・科目についての学習の達成度を測るため，原則としてこれまでの『5教科7科目』に『情報』を加えた6教科8科目を課す」とした（国立大学協会，2022）。

　令和7年度（2025年度）の大学入学共通テストを受験する生徒は既に高等

学校に在籍しており，ほとんどの学校では「情報Ⅰ」を1年次に学習することになっている。情報科を指導する教員の配置が十分でない地域があるという大きな課題をそのままにして結論ありきスケジュールありきで教科「情報」の導入を決定したことに対し，不安や不満を抱えている高等学校が多くあることから，文部科学省や大学入試センターには今からでもできることはやっていただきたいと強く要望する。

◆◇◆
第8節　終わりに

　大学入試が受験生にとっても大学にとってもより良いものとなるためには，当然のことながら入試制度を定め運用する教育行政（文部科学省）と入試の当事者である現場（高等学校，大学），現場同士との対話が不可欠である。しかしながら，これまで述べてきたように残念ながら現状は十分な対話ができていない。特に大学入試は制度の制定や運用が極めて重要であるので，行政と現場との対話を今まで以上に活発に行うことが必要である。「大学入試は大学が行うものである」という考え方が強く，大学入試のことは事務局である文部科学省と大学で決めれば良いという風潮が未だに強いものがあるが，受験生を送り出す立場にある高等学校側の理解なしに円滑な実施はあり得ない。また大学入試は，受験生の保護者をはじめ社会の関心も高く，そうした人々に対する高等学校側の影響力は極めて大きい。このことは，大学入学共通テストの枠組みにおける英語民間試験の活用や国語と数学の記述式問題導入の見送りに至る経過を見ても明らかである。しかし，第3節第2項で述べたように現状のフォーマルな対話の場である審議会の構成員は大学側優位になっており，見直しが必要であると強く感じる。

　対話というのは，自分の主張や考えを一方的に発言して終わりとするものではない。互いの主張や考えを聞き，相手の状況も理解した上で双方が納得できる点を探ることが必要である。その上では事務局となる行政（文部科学省）の役割が重要となる。審議会はその性格上多くの委員が自分の意見を述べて終わりになることが多いが，事務局が各委員とのインフォーマルな対話を上手に行うことで審議会での対話が実のあるものになり，結果的に高等学

校，大学双方にとってより良い施策の実現につながっていくと思われる。しかし，令和2年（2020年）2月からの新型コロナウイルス感染症の流行により対面によるコミュニケーションが取りづらい状況となり，フォーマルな対話の場面である審議会もオンライン会議となったため丁寧な対話ができにくくなった。ましてやインフォーマルな対話はほとんど行われなくなり，その結果十分な合意形成を図ることが今まで以上に難しくなり，ともすれば行政（文部科学省）主導で物事が進みがちになった。そのような中，第7節で述べたように，教員の配置が不十分な地域があるという大きな課題をそのままにしたまま，令和7年度（2025年度）大学入学共通テストから教科「情報」の導入が決定されたことは極めて残念である。

　新型コロナウイルス感染症の流行もようやく下火になり，色々な場面での対話が可能になる中で，特に事務局である行政（文部科学省）の方々には丁寧な対話を心がけていただくことを強く要望するとともに，高等学校側，大学側も積極的な対話のための努力を続けてほしい。大学に対しても高等学校との対話を積極的に行うことを要望する。第3節第1項，第7節でも述べたように，大学によっては地元の高等学校長協会と定期的に意見交換をしたり，大学が設置する審議会に校長会の代表が委員として参加したりしているところもある。また，受験者・入学者の多い高等学校を対象にアンケート調査を行ったり，アドミッションオフィスの教員が高校訪問を行って管理職や進路指導を担当する教員と情報交換をしたりしているところもある。こうした対話が大学，高等学校双方の理解促進や信頼関係の構築につながっており，このような取組みがさらに広がってほしいと思う。そして大学はそうした対話で得た声を自身の大学の入試改革に活かすだけではなく，行政あるいは国立大学協会などに届けてほしい。

　第3節第2項で述べたようにフォーマルな対話の場である審議会では地方の高等学校からの声や地方からの視点での議論が不足しがちである。地域格差や経済格差はますます拡大してきており，急激な入試改革によって影響を受けるのはそうした状況に置かれている受験生である。多くの受験生が安心して大学入試に臨めるような改革にするためにも是非声を届けてほしい。

　現在行われている大学入試改革は平成24年（2012年）から検討が開始され，令和3年度（2021年度）大学入試から実施されている。大学入学共通テスト

の実施や総合型選抜，学校推薦型選抜の拡充など実行に移されたものもある一方で，総合的な英語力評価の推進や記述式問題の出題推進，多面的・総合的な評価のあり方，調査書の活用や電子化など現在検討が進められ未だ方向性の定まっていない内容も多い。それらはいずれも高等学校教育に与える影響が極めて大きいものばかりであり，結論ありきスケジュールありきではなく多角的な検討と丁寧な議論を行い，受験生を送り出す高等学校側と選抜を行う大学側の双方が納得した結論を導き出す必要がある。

　現在の大学入試改革の検討が始まった約10年前に比べ社会の状況が予想以上に大きく変化し，大学入試改革の必要性はますます高まっている。今まで以上に，行政（文部科学省）と現場（高等学校，大学），現場同士で緊密な対話が行われ，より良い改革が行われることを願っている。

文　献

大学入試センター（2021）．平成30年度告示高等学校学習指導要領に対応した令和7年度大学入学共通テストからの出題教科・科目について　大学入試センター　Retrieved from https://www.dnc.ac.jp/albums/abm.php?d=33&f=abm00000301.pdf&n=%E5%B9%B3%E6%88%9030%E5%B9%B4%E5%91 8 A%E7%A4%BA%E9%AB%98%E7%AD%89%E5%AD%A6%E6%A0%A1%E5%AD%A6%E7%BF%92%E6% 8 C%87%E5%B0% 8 E%E8%A6%81%E9%A0%98%E3%81%AB%E5%AF%BE%E5%BF% 9 C%E3%81%9 7%E3%81% 9 F%E4%BB%A4%E5%92 8 C%EF%BC%97%E5%B9%B4%E5%BA%A6%E5%A4%A7%E5%AD%A6%E5%85%A5%E5%AD%E5%85%B1%E9%80% 9 A%E3% 83%86%E3%82%B9%E3%83%88%E3%81% 8 B%E3%82%89%E3%81%AE%E5%87%BA%E9%A1% 8 C%E6%95%99%E7%A7%91%E3%83%BB%E7%A7%91%E7% 9 B%AE%E 3%81%AB%E3%81%A4%E3%81%84%E3%81%A6.pdf（2023年 1 月20日）
国立大学協会（2022）．2024年度以降の国立大学の入学者選抜制度――国立大学協会の基本方針――　国立大学協会 Retrieved from https://www.janu.jp/wp/wp-content/uploads/2022/01/20210128_news_001.pdf（2022年10月 9 日）
毎日新聞（2019）．英語民間試験活用延期　萩生田文科大臣会見　全文毎日新聞2019年11月 1 日 Retrieved from https://mainichi.jp/articles/20191101/k00/00m/040/127000c（2022年10月 9 日）
文部科学省（2016）．高大接続システム改革会議「最終報告」【概要】　文部科学省 Retrieved from https://www.mext.go.jp/component/b_menu/shingi/toushin/__icsFiles/afieldfile/2016/06/02/1369232_02_2.pdf（2022年10月 9 日）
文部科学省（2021a）．大学入試のあり方に関する検討会議委員名簿　文部科学省 Retrieved from https://www.mext.go.jp/b_menu/shingi/chousa/koutou/103/meibo/1413294_00010.htm（2022年10月 9 日）
文部科学省（2021b）．高等学校情報科担当教員の専門性向上及び採用・配置の促進に

ついて（通知）　文部科学省 Retrieved from https://www.mext.go.jp/content/000166300.
pdf（2022年10月 9 日）

文部科学省（2022）．大学入学者選抜協議会委員名簿　文部科学省 Retrieved from
https://www.mext.go.jp/b_menu/shingi/chousa/koutou/112/meibo/mext_00003.html
（2022年10月 9 日）

令和 5 年度東京都立高等学校入学者選抜検討委員会（2022）．令和 5 年度東京都立高
等学校入学者選抜検討委員会報告書　東京都教育委員会 Retrieved from https://www.
kyoiku.metro.tokyo.lg.jp/admission/high_school/exam/files/release20220922_03/houkoku.
pdf（2022年10月 9 日）

全国高等学校長協会（2019a）．大学入試に活用する英語 4 技能検定に対する高校側の
不安解消に向けて（要望）　全国高等学校長協会 Retrieved from http://www.zen-koh-
choh.jp/iken/2019/20190725.pdf（2022年10月 9 日）

全国高等学校長協会（2019b）．2020年 4 月からの大学入試英語成績提供システムを活
用した英語 4 技能検定の延期及び制度の見直しを求める要望書　全国高等学校長協
会 Retrieved from http://www.zen-koh-choh.jp/iken/2019/20190910.pdf（2022年10月 9
日）

全国高等学校長協会（2021）．令和 7 年度大学入学者選抜に係る大学入学共通テスト
出題教科『情報』の取扱いについて（要望）　全国高等学校長協会 Retrieved from
http://www.zen-koh-choh.jp/iken/2021/youbou_20211004.pdf（2022年10月 9 日）

第  章

討議——パネルディスカッション——[1]

　第7章として，令和4年（2022年）5月18日に開催された第36回東北大学高等教育フォーラム「大学入試政策を問う——教育行政と教育現場の『対話』——」の模様を収録した。パネラーは，フォーラムでの講演者であり，本書の第4章～第6章の著者に，浅田和伸氏（国立教育政策研究所長[2]）を加えた4名であった。フォーラムでは，参加者（来場参加者実質75名，オンライン参加者439名）にあらかじめ Web 上の「討議質問票」ページの URL を案内し，各講演者に対する質問や意見を記入してもらった。討議は

1　本章は，「IEHE Report 86　第36回東北大学高等教育フォーラム報告書　新時代の大学教育を考える［19］　大学入試政策を問う——教育行政と教育現場の『対話』——」（東北大学高度教養教育・学生支援機構・国立大学アドミッションセンター連絡会議，2022）の「討議——パネルディスカッション——」を音声記録と再度照合し，加筆修正した上で再録したものである。
2　令和4年（2022年）5月当時，現在は長崎県立大学学長。

第36回 東北大学高等教育フォーラム
新時代の大学教育を考える［19］

大学入試政策を問う

教育行政と教育現場の「対話」

2022年 **5.18** ［水曜日］

［時間］13:00〜17:00（受付開始 12:00）
教育関係共同利用拠点提供プログラム 高等教育論L-01
［会場］東北大学百周年記念会館 川内萩ホール
［共催］○東北大学高度教養教育・学生支援機構
　　　　○国立大学アドミッションセンター連絡会議

オンライン参加（同時配信）　　来場参加

今後の新型コロナウイルス感染症の状況により、
開催形態又は申込内容を変更する可能性がございます。

プログラム

［開会］	開会の辞　大野 英男／東北大学総長　来賓挨拶　文部科学省高等教育局大学振興課	
［基調講演1］	教育の現場と政策と研究と ——やはり「教育は現場が命」だ—— 浅田 和伸 氏／国立教育政策研究所所長	
［基調講演2］	大学入試のコンプライアンス ——未履修，入試ミス，そして，コロナ対策—— 倉元 直樹／東北大学教授	
［現状報告1］	地方公立高校の現場から 延沢 恵理子 氏／山形県立東桜学館中学校・高等学校教諭	
［現状報告2］	入試をめぐる行政と現場との対話 ——高校入試と大学入試を比較して—— 宮本 久也 氏／東京都立八王子東高等学校校長	
［討議］	討議	
［閉会］	閉会の辞　滝澤 博胤／東北大学理事	

お申し込み・
お問い合わせ

東北大学高度教養教育・学生支援機構

［mail］forum36@ihe.tohoku.ac.jp　［web］www.ihe.tohoku.ac.jp

［お申し込みサイト］
こちらのQRコードから
お申し込みできます▶

TOHOKU
UNIVERSITY

一部，「討議質問票」に寄せられた質問や意見にパネラーがコメントする部分も含まれている。本章を読むにあたり，講演内容に基づいて執筆された上記の章をあらかじめご一読いただければ幸いである。

司　会　　宮本　友弘　（東北大学高度教養教育・学生支援機構教授）
　　　　　阿部　和久　（東北大学高度教養教育・学生支援機構特任教授）
パネラー　浅田　和伸　（国立教育政策研究所所長）
　　　　　倉元　直樹　（東北大学高度教養教育・学生支援機構教授）
　　　　　延沢　恵理子（山形県立東桜学館中学校・高等学校教諭）
　　　　　宮本　久也　（東京都立八王子東高等学校校長）

宮本友弘教授（司会）：

　皆さん，こんにちは。討議の司会を担当させていただきます東北大学入試センターの宮本と申します。

阿部和久特任教授（司会）：

　阿部と申します。よろしくお願いします。

宮本友弘教授（司会）：

　4人の先生方，ご発表，どうもありがとうございました。これから早速討議に入らせていただきたいんですが，今回のサブテーマに「対話」とありますので，できるだけパネリストの先生方同士の対話が活発化するように進められればと思っております。また，参加者の方々との対話も大事にしたいので，オンラインでいただいた質問も適宜取り上げながら進行させていただきます。

　それでは，まず4人の先生方に，先ほどご発表いただいた内容で，もし何か補足することがございましたらお一人ずつお願いします。宮本先生は先ほど終わったばかりなので，まず延沢先生から何かございますか。

延沢恵理子教諭：

　先ほど，高校側がなかなか一枚岩になれないというようなお話をさせてい

ただいたんですけれども，PBL[3]とか探究にうまく乗った先生方と，入試研究とかそういう受験畑の先生方が，なかなか両方を見ていくという形に辿り着けていないような感じがしていて，どっちも思考停止しているような感じがすごいあるなと感じているので，私たち高校教員側も乗り越えなきゃいけないものがあるということを共有できたらなと思います。以上です。

宮本友弘教授（司会）：

　ありがとうございました。続いて，倉元先生，お願いできますか。

倉元直樹教授：

　今の延沢先生のお話にコメントもしたいんですが，それより先ほど言い忘れた話です。それは，浅田さんのご発表の中の，「言うべき人が，言うべきことを，言うべきときに言う」，非常に刺さる言葉だなあと思って聞いておりました。一つ，言いたいことは，「言う」ということ以外にも「書く」という方法があるんだろうなと思います。それはさっき持っていってご紹介しようと思って忘れていたんですけれども，これは浅田さんが書かれた本です。『教育は現場が命だ』，まさしく今日の演題になっていますけれども，私，これ1冊読ませていただきました。大変辛かったです，面白くないから（笑）。だけれども，ここから伝わってくるものはすごくあって，今日の日につながっているということが言えるかなと思います。

　もう一つ，これはちょっと今見ると誤植があるようなんですが，チラシですね。東北大学大学入試研究シリーズというものの第2巻「大学入試センター試験から大学入学共通テストへ」，その第1章ですけれども。これ，実は，当時審議をしていた中教審の高大接続部会ですか，そこの委員の京都大学の土井先生という方が，おそらくギリギリの表現で内情を伝えようとしていただいたものを載録しております。もしよろしかったら，こちらもお読みいただければなと思います。「その場で言う」ということ以外に，「後で見てもらう」ということもあるのかなと思います。

3　Project Based Learning の略。

これに関してもう一つ，「言うべきときに，言うべき人」というのがすごく大事かなと。言い過ぎると「発言をする場」というのを与えられなくなることがあるのかなと思って，その辺もちょっと私は勉強させていただきたいかなと思います。「言うべきときに言うべきことを言っていない」ということもあるかもしれないんだけれども，「そこはちょっと待ってよね」みたいなことを，浅田さんや宮本先生のような方，……延沢先生は無理だな（笑），……からご指導いただければありがたいな，とちょっと思った次第でございます。以上です。

宮本友弘教授（司会）：

　ありがとうございました。続いて，宮本先生，お願いいたします。

宮本久也校長：

　大体言いたいことは言わせていただいたんですけれども，そもそもやはり先ほど延沢先生もおっしゃったように，高校といっても非常に多様なんですよね。同じように大学も多様なんですね。だから，高大接続という言葉がずっと出てきますけれども，どこの部分で接続するのかというところが，そこによって話が随分変わってくると思うんですけれども，非常に曖昧な形での議論が進んでいるから，なかなかうまくいかないと思うんですね。だから，やはりその辺のところも意識しながら対応することが僕はとっても大事なのかなと思いました。以上です。

宮本友弘教授（司会）：

　ありがとうございました。浅田先生，お願いいたします。

浅田和伸所長：

　言えることを言葉を選びつつ大体しゃべったつもりなので，今は特段ありません。また，ご質問や何かにお答えする形で発言したいと思います。

宮本友弘教授（司会）：

　ありがとうございました。冒頭で申し上げたように，できるだけパネリストの皆さんの対話を促せたらと思います。それぞれの発表に対して，お互いに質問やちょっと確認したいことがあるかと思うんですね。それで，現場と行政の対話ということで，延沢先生から特に浅田先生に対して何かご質問とかあったらお願いしたいと思います。

延沢恵理子教諭：

　浅田先生は，現場と行政と両方を経験されておられるので，私たちの味方だと私は思っているんですけれども，現場に足りないなというふうに校長先生をなさっていて感じられたこと，逆に行政に足りなかったなというふうに思っていらっしゃること，あれば教えていただければと思います。

浅田和伸所長：

　どうしようかな。何についてという設定によって，お答えすべきことが違うかなという気がします。現場に足りる足りない，良い悪いというような評価ではなく，やはりお互いに現状を正しく知ること，とりわけ行政が現場をもっと知ることが大事だと思います。そこに尽きるんじゃないでしょうか。

　行政にも現場にもいろいろな課題や問題はあるし，本当はこうしたほうがいいのにな，と感じることもありますが，それを現場にこれが不足している，行政にこれが不足していると言ったところで，何か捉え方が違う気がします。足りる足りないというよりは，先入観や思い込みをできる限り排して，現状を正しく認識する，理解する，体で感じる。特に行政はね。そういうことをもっとしていく必要があるんだろうと思います。

　その後にそれを具体の政策にどうつなげるかということについては，今日も少し触れたつもりですが，これはまた別の力も必要で，その力を，特に行政は持たなくてはいけないということでしょうか。

宮本友弘教授（司会）：

　いかがでしょうか。今のを受けて。

延沢恵理子教諭：

　授業を組み立てて授業を毎日している人間としては，計画を立てて指導案を書いて授業をやってみようと思うけれども，生徒が違ったように動くとか，思ったとおりにいかないということが日常で，それをうまく動かしながら折り合いをつけながらやっていくというのが日常なものですから，行政の方々はそれを，下と言うとあれですけれども，下々がどう動くか分からないところにメッセージを発して，その動きをどういうふうに捉えてどんなふうにマッチさせていこうとされているのかなというのは，ちょっと聞いてみたいなと思ったところだったんですけれども。

宮本友弘教授（司会）：

　お願いします。

浅田和伸所長：

　学校は，子どもたちも先生もみんな生きた人間なんだから，誰かの思いどおりになんかなるはずがありません。授業に限らず，私たちの行政の仕事だってそうです。こうしていきたいと思っていても，現実にはいろんなことが日々新たに起き，普通はそのとおりには進みません。だから，自分の最初の考えに固執するのではなく，相手や周りの状況をより大事にしながらきめ細かく柔軟に対応していくことが必要だと思います。

　行政が現場をどう見ているかをお答えする力は私にはありません。私個人がどう考えているかを少しだけ述べさせていただきます。私自身は，今日の先生のお話でも近いことがありましたが，現場が元気であってほしいと願っています。そのためには，できるだけ現場が自由にできるようにすべきだというのが私の考えです。だから，ああすべきだ，こうせよなどとなるべく言わないほうがいい。現場が自由に判断，行動できる仕組みにしておいて，かつ仕組みだけでは動けませんから，人や予算などの条件，環境面で支援する。教育行政は，実際に教育を行う現場を縁の下で支える黒子です。行政が前面に出て目立つのはいいことじゃないと思っています。

宮本友弘教授（司会）：

　よろしいでしょうか。

　次に，倉元先生。倉元先生から他のパネリストに対する質問等がありましたら，よろしくお願いいたします。

倉元直樹教授：

　さっき延沢先生が言われた話を拾いたかったんですけれども，それをちょっとここでお話させていただきます。「PBL派」と「入試実績派」というふうにレッテルを貼りましょうか。これは何かというと，要は伝統的な政策理念の「個性尊重」と言われている「その場で，その子たちの生きる楽しさみたいなものを重視しよう」という話と，「将来を支える人材をつくっていこう」という話に分けられる。ちょっと後者はきれい過ぎるんですけれどもね。大学入試が間に入ってしまうので，「大学に入ってしまえば終わり」というパターンの人も結構多いので。とにかく，「本当の力はないんだけれども，入試のテクニック的に入れてしまえばよし」，という向きはちょっと除くとして，そこの理念の対立なんだと思うんですよね。

　ちょっといろんなことを考えてみて，自分自身どういう発想でいるかというと，おそらく「将来の人材をどう育てるか」という観点で考えているのでしょう。これは東北大学というところに立場を置いていることが一つ大きな背景にはあると思うんですけれども，その観点から見たときのロジックのねじれがすごく気になるんですよ。申し訳ない，PBL，多分楽しいと思います。でも，先ほど延沢先生がおっしゃったように，積み上げていくのは非常に難しい。不可能ではないとしても，大変な時間と労力，そしてお金がかかる。現実的じゃないはずなんです。だから，申し訳ない，そこに逃げている先生たちは，私は信用できないです。

　もう一つ，行政からのメッセージで，これは間違っていたらそう言ってほしいんですけれども，多様な現場というのは分かっていて，でもメッセージとしては一色で一律で出さないといけないんですよ，おそらく。それを自分たちに100％向けられているものなのかどうなのかということを，本来は現場で判断してくれ，というところを許容してもらえないと，行政は厳しいと

思う。問題は間に入る人たちですね。そこのところは「言うべきときじゃないときに言うべき人じゃない人」が「言うべきじゃないこと」を言ってしまうとまずいので，そこまでにしておきますけれども，そこはちょっと考えるべき要素はあるのかな，とは思います。宮本先生にお聞きしたいんですけれどもね。

宮本友弘教授（司会）：

　宮本先生いかがですか。

宮本久也校長：

　そこをどう判断するかというのは，これはもう校長の力だと思います。やはりそういうメッセージが出たときに，そのメッセージを自分の学校としてどういうふうに教職員に伝えていくのか。そこのところの判断をしっかりできるかどうかというところが，今校長に問われているところだと思うんですね。そのまま下ろすと，先生たちもとてももたないし，教育の効果もないというものもある。

　ただ，メッセージの核になる部分を，じゃあうちの学校としてはこれをどういう形なら生かせるかという，そういう判断ができる校長にならなきゃいけないなと思うし，そこがやはり学校を経営するという校長のすごく大きな役割だと思っています。行政から来たものを全部そのまま学校に下ろしていたら，それこそもう学校はもっともっとパンクしてしまいますので，そこをどういうふうにしていくのか考え判断しながら進めていくというところが今求められているのかなと思っています。私もいつもそういう判断で，自分の学校の経営をしています。

宮本友弘教授（司会）：

　ありがとうございます。今のを受けて，倉元先生どうですか。

倉元直樹教授：

　私，浅田さんが話すのかと思っていたんですけれども。

宮本友弘教授（司会）：

　では，浅田先生，お願いします。

浅田和伸所長：

　国に限らず教育委員会もそうですが，行政がメッセージというより，いろんなことについてこうしてくださいと決めたり示したりすることがありますよね。それって私の理解では，現場が何を求めているか，どういうふうにするのが現場の負担を軽くすることにつながるかを考えてやっているはずなんです。私も校長時代は，教育委員会やなんかがいろいろ言ってくるのを，うるさい，そんなこと自分で判断するよ，決めさせろよと思うこともありました。一方で，現場に判断を任されても困ることもあります。そういうのは，国や教育委員会が方針や基準を決めたほうが，学校も楽になるし，関係者への説明もしやすい。それはまさにケース・バイ・ケースです。

　一方で受ける側，教育委員会や学校としては，宮本校長がおっしゃったように，また私も県教委でも校長のときもそうしていましたが，こういうのが来たけれど，うちの自治体としてはこうする，うちの学校としてはこうするという判断を責任をもってすればいい。そういう裁きを的確，迅速にして部下職員の無駄な負担を増やさないようにすることも，管理職や校長の責任です。

宮本友弘教授（司会）：

　ありがとうございます。改めて，行政と現場との関係性というものが，現状においてどうなのかというのが確認できたように思います。若干，対話が温まってきたところだと思うのですが，少し観点を変えまして，今度は参加者からの質問に答えるというような形でお願いいたします。

阿部和久特任教授（司会）：

　それでは，いただいた質問の中からいくつか先生方にお尋ねしたいと思います。浅田先生とそれから宮本先生，延沢先生みんな含むんですけれども，今日の話を聞いて対話が重要だということは理解できたんだけれども，一体どういう場でその対話をしていけばいいのかという質問が，延沢先生のよう

に先生のほうからとか，あるいは行政のほうからとか，どういう場があるんだろうという質問が何種類か来ています。まず延沢先生，その一次情報を取りにいくというのはすごいねと書いてあるんですが，そのほかにどういうところで我々先生たちは対話の機会を持てるだろうか。

延沢恵理子教諭：

　直接行く。

阿部和久特任教授（司会）：

　直接行くのほかには。

延沢恵理子教諭：

　直接行くのというのしか知らないです，私は。

阿部和久特任教授（司会）：

　そうですか。じゃあ，直接行く以外も知っている人で，宮本先生はいかがですか。

宮本久也校長：

　さっき私が言ったように，フォーマルな対話とインフォーマルな対話というのがあるわけで，フォーマルな対話のときには，そこに参加するときに事前に多様な声をしっかりと受けとめた上でその対話の場に臨むということがすごく大事だと思うんですよね。そうじゃなくて自分の経験だけで話をしてしまうと，十分な対話にはならないので，特にフォーマルな対話の場合，私もそうでしたが，周到な準備をしていくということを心掛けていました。準備なしに対話の場に臨んでしまうと，結局は自分の言いたいことも言えないし，十分な対話ができないというので，やはりそこのところはすごく大きいと思います。

　それから，インフォーマルな場の対話というのは，これはやっぱりまずお互いがそれぞれ意識をして，とにかくいろんな人の話を聞くというスタンスでいることが，どういう場面でも大事なのかなと思うんですね。これは学校

の中でも多分そうで，先生方は今忙しいからそんな対話している暇ないよと僕なんか言われそうですけれども，先生方が学校の中でそういう話をすることが必要だと思います。今一つのことについて対話をする場面というのは，昔に比べると学校現場でもすごく少なくなっていると思います。もう言ってもしょうがないとか，学校の中でもそういう雰囲気が出てきているし，あるいはフォーマルな我々と行政の方との対話のほうも，行政に言ってもこれはしょうがないなというような感じで，言うことすら諦めてしまっているような状況が出ているかなと私は思うので，そうじゃなくてやはり声を出してみる，あるいは出した声を今度は聞いてみるという，そこのところから始めていくことが大事かなと思いました。

阿部和久特任教授（司会）：

ありがとうございます。浅田先生はいかがですか。

浅田和伸所長：

対話自体は大事に決まっていますが，その前提として，学校現場は，大学も含めて，遠慮しないでもっと声を上げたらいいと思っているんです。今日も，小中に比べて高等学校は声を上げるのが得意じゃないというようなお話もあり，そうかなと感じるところもありますが，とにかく遠慮しないで声を上げればいいのに，というのが一つ。正直なところ，私から見ても，国がやる施策の中で，これは現場は受けるのが大変だろうなと心配になることもあるんですよ。だけど案外，私が心配しているほどには現場から反発や困惑の声が出なくて，えっ，本当にいいの，と拍子抜けすることもあります。奥ゆかしすぎるんですよ。個人の人間関係でもそうでしょう。言わなきゃ分からないことだってあるんだから，まず声を積極的に上げましょう。

二つ目は，そうは言いつつ，教育に関するいろんな人のご意見は，私も含めてですが，どうしてもたくさんある意見の中の一つになりがちなんです。あるいは，そう見られがちなんですね。そういう意見もあるだろうけど，でも違う意見もあるよね，で片付けられてしまう。結局バラバラのままでは力にならない。力を持たないんですよ。そこに力を持たせるには説得力のある意見の示し方が必要で，一つにはたくさんの声を集めること。もう一つは研

究や調査結果などと結びつけて，エビデンスで示せるものは示す。そうやって，ほかの人が聞いたときに，そういう意見もあるよねと流されるのではなく，それは本当に大変だなと理解してもらえるような根っこのある示し方をすることでしょうか。

　さらに付け加えると，対話の当事者も一生懸命勉強して，お互いのこと，現場のこと，関連する分野のことなどを幅広く知っておかないと，客観的な判断ができにくいということがあります。ある意見や事例を聞いたときに，それが全体の中でどれくらいのウエイトを占めるのかとか，どれくらい信憑性を持つのかとか，そういう判断ができないと実のある対話にならないですから。審議会や有識者会議でも，構成員の方のご意見が必ずしも現場で多数であるかどうか，多数の支持を得られるご意見かどうかは分からないわけです。声の大きさや発言力で重みをつけるわけにいきませんよね。それが全体から見てどうなのか，どれくらい普遍性を持つものなのかを判断できる，考えられる知見は，やはりそれぞれの当事者が一生懸命勉強したり，あちこち見に行ったり聞きに行ったり感じたりして自分の中で育てていかないといけないと思います。

阿部和久特任教授（司会）：

　ありがとうございました。すごく分かりました。

　倉元先生，何かありませんか。

倉元直樹教授：

　対話には場が必要だと，私は思います。それで，これはテーマが「大学入試」なんですよね。最初に私の講演でも申し上げたんですが，大学入試というもののイニシアチブはどこが持っているかというと，個別大学なんですよ。ですから，こと大学入試に関しては，大学が対話の場を用意すればいいと私は思っています。ただ，要は時間的・人的限界というのがあるから，すべからく遍く全ての対象からお話を聞くというのは難しいんですけれども，やはり主要なステークホルダーってあるじゃないですか。東北大学という立場で言えば，誰から話を聞けばいいのかというのは，おのずからある程度明らかなんですよ。ですから，そういう意味では，大学入試に関しては大学が場を

つくればいいんだろうなと思います。

　ただ，例えば行政に関して言うと，私たちで場をつくることはできないんですよね。それはやはり行政のほうからお声がけがあったときに，自分の意見だけではない，ある一定程度自分たちも含む幅広い実情だとか，意見だとかというのを用意してお伝えする。その準備は宮本先生が言われたことと一緒なのかもしれないんですけれども，必要かなと。ただ，それに関しては，決めるのはそういう立場の方ですから，そこは自分たちでイニシアチブを執るのは難しいとは思います。

阿部和久特任教授（司会）：

　ありがとうございます。ちょっと先走って申し訳ないんですが，あらかじめ伏線を張っておいたほうがいいだろうと思いますので，宮本先生に来た質問で，教科「情報」に関して，任用など東京都の現状や課題などについてお話をお聞きしたいということでした。つまり，田舎のほうの県と比べるとかなり恵まれているのではないかなということを踏まえての質問だと思います。

宮本久也校長：

　東京都は，もう早い段階からいわゆる教科「情報」の正規教員も配置していますので，そういう意味では，教科「情報」についてはほかの教科と全く同じで，正規の教員がもうかなり早い段階から生徒に指導をしてきています。私の学校でも専任の教科「情報」の教員がもうずっと前から定数として入っていて指導をしている。ただ，そういう都道府県というのは，全体から見ると少数なんですよね。ほとんどのところは正教員がまだ置けていない。

　置けていない理由はいくつもあるわけで，やっぱり学校のクラスが少ないというのも一つの原因だと思うんですね。教員の持ち時数というのがあるわけですから，例えば私の学校は8クラスです。ですから，「情報」の授業を週2時間ずつやれば週16時間になって，担任を持って何やってというと，大体1人の教員が担当すべき時数を確保できますけれども，これが4クラスしかない学校だと時数は半分しか出ないので，やっぱり正規の教員を置けないんですよ。だから，置いていないというのは，実はそういうような状況もあるので，そういう状況もしっかりと我々も伝えていかなくちゃいけないし，

理解もしてもらわないといけないかなと思います。

　ただ，教科「情報」について私はやっぱりすごく懸念をしているのは，つまり，今回初めてなんですね，共通1次から始まる現在の共通テストの枠組みの中で新しい教科の入試が行われるということは。今まではもともとある科目が変わってということですけれども，教科「情報」というのはこれまで試験をやっていないんですね。それが今回共通テストの実施科目に入っていくということで，このことの重さについては，もっと理解をしっかりしてもらいたいなと思うんですね。つまり，教科「情報」は今まで全く試験がなかったわけですから，どういう内容のものがどういう形で出されるかということについての情報は全くないわけで，そういう中で，もう今本校でもその試験を受けることになる1年生が教科「情報」の授業をやっています。けれども，何の情報提供もない中で共通テストの準備をすることはとても難しいです。早く共通テストに関する具体的な情報は開示していただきたいと思います。ちょっと話がそれましたが，以上です。

宮本友弘教授（司会）：

　「情報」に関してはたくさんご質問が来ておりますので，もう少し後で集中的に議論したいと思います。その前に，まずこれを考える前提として，倉元先生のご発表の中であったコンプライアンスというのが一つ大きなキーワードだったと思うんですよね。それが結果的にリソースのないところにしわ寄せがいくとのことだったと思います。このあたりを含めて，もう少しコンプライアンスについて補足していただけるとありがたいのですが，倉元先生，どうぞ。

倉元直樹教授：

　コンプライアンスということ自体は，言葉として新しいんですけれども，法治国家であれば当たり前のことなんだろうと思います。ですから，規則があってそれに従う，それは当然なんだけれども，大事なのは倫理も含めた社会的規範ということが大事で，場合によっては有名無実化している規則みたいなのもあり得ないわけではないとは思うんです。そのときに，大変申し訳ないですけれども，文部行政に関して私が感じるところは，我々のために環

境，具体的に言えばお金を確保するというところがすごく大事で，これは要は財政当局とのやりとりになる。これは地方でも同じだろうと思うんですよね。そこで認められるには「今，足りないんです」と言ってもなかなか難しいと。新しいアイディアを出して，「それはいいね」と言ってもらわなきゃいけないんだけれども，そのときにスクラップ・アンド・ビルドですよね。その代わりに何をなくしていくかということが今までできていなかったのかなと思うわけです。

　これが要は，以前から，必履修の科目，「実際にはやっていないよね」ということは，分かっていないわけじゃなかったんだろうと思うんですよ。それが，そういうことを許さないという時代になってきたときに，対応が遅れてしまったのかな，という気がします。ただ，これは現実的には非常に難しいことで，「引かれる」ということは「なくなる」わけですから，なくなるということは何がなくなるかというと，場合によっては，そこに携わっていた人たちの働く場がなくなるんですよね。そこはものすごいせめぎ合いというのが多分あるんだろうと思うんだけれども，もうそこにきちんとある種の議論を避けることはできない状況なのかな，と思うのです。

　我々のほうは我々のほうで，入試ということに関していえば，繰り返しになりますけれども大学にイニシアチブがあるので，そこは対話の中で判断するのは個別の大学の責任だろうと思っています。

　コンプライアンスということでいうと，そういう感覚で考えているんですけれども，答えになりましたでしょうか。

宮本友弘教授（司会）：

　今お聞きして，特に重要なことは，何かを足すなら何かを引くと，そういうようなことを考えていく必要性があるということだと思うんですが，浅田先生，そういった観点からいかがでしょうか。

浅田和伸所長：

　私なりの解釈をすると，倉元さんが言っているコンプライアンスというのは，例えば必履修科目，必履修だから本来やらなきゃいけないはずなのにやっていなかったとか，そういう意味での問題を指摘されれば，それはやっ

ていないわけだからやらなきゃいけなくなる，それで余計負担が重くなると，そんなことだろうと思います。

　それについては，いくつか感じることがあります。ここから先は私個人の考えになりますが，そもそも高校で全員が必ずやらなきゃいけない必履修科目がどのくらい必要なのかということから問い直してもいいんじゃないでしょうか。義務教育は全ての子どもたちに最低限これだけはという性格ですから，みんな必ずやろうねという内容が基本になるのはある意味当然だと思いますが，高校は義務教育の後で義務ではないですし，進学率が高いとはいえ現に全ての子が行き卒業するわけではありません。そもそも一律の必履修科目が必要なのかと私自身は思っているくらいです。義務教育の後は自由に，好きなこと，得意なことをいくらでもやれる場，伸ばせる場にしてあげたほうがいいんじゃないですかね。コンプライアンス違反が起こるから必履修科目を減らすというのではなく，そもそも高校教育ってどういう力を伸ばす時期なんだろうねということから考えたほうがいいんじゃないのかな。これはあくまで私個人の意見ですが。

　もう一つは，高校に限らず，スクラップ・アンド・ビルドの話です。例えば学習指導要領ですが，本来は授業時数と学習内容とはバランスを取らなきゃいけないはずですよね。この時間数だったらこれぐらいは教えられるよね，こんなには無理だよねと。そういう全体のバランスを見ながら組み立てるべきです。だけど現実には，授業時数はかつてよりも減っているのに，学習内容はそれに見合うようには減っていませんよね。どちらかというと，あれも大事，これも大事，新しく出てきたこういうことも教えなきゃいけないよね，だけれど前からやっているこれも教えなくていいわけじゃないよね，ということの積み重なりでどんどん盛りだくさんになっているのが実態じゃないでしょうか。

　また，これはなかなか難しいことですが，同じ内容を子どもたちが学ぶにしても，生徒によって10時間で足りる子もいれば，30時間でもきつい子もいるわけで，そこは一律にはできませんよね。だから，そういうことも実際の現場を基点にして，現実はこうなんだから，その現実を見ながら仕組みも組み立てていかないと，良かれと思ってあれもこれもと求めた結果，肝心の現場が対応できない，ルール違反なんかしたくないけどそうなっちゃうという

のは非常にまずい。ですから，難しくても言い続けなきゃいけないのは，ス
クラップ・アンド・ビルドを基本にすべきだということと，授業時数と教え
る内容のバランスをちゃんと見るべきだということでしょうね。

　また，スライドの終わりのほうに岡本薫さんの，日本で教育の議論が噛み
合わない理由を少しだけ引用しましたが，そこでも言われている，全ての子
どもに必要なこととそれ以外のことが区別されていないという問題もあると
思います。何々が大事だねとなると，じゃあ日本中一人残らず全員にやらせ
なきゃという短絡的な傾向が強い気がします。だけど，本当ですか，という
のはやはり冷静に考えないと，学校も子どももパンクしちゃいますよね。

宮本友弘教授（司会）：

　ありがとうございます。今の発言を受けて，延沢先生，どういったご感想
をお持ちでしょうか。

延沢恵理子教諭：

　いや，こんなに分かってくださっているのに，たくさんそういう方も行政
の方にはいらっしゃるんだろうなと思うのに，なぜそのままなんだろうとい
うのがとっても不思議と思って聞いておりました。

浅田和伸所長：

　それは，誰か特定の人が決められるものではないですから。特に学習指導
要領は，さっき倉元さんが触れていたように，それぞれ自分のご専門の教科
がすごく大事だと思っている人が大勢いるわけで，それ自体は否定のしよう
がないんだけれども，それを全部足し合わせて学校に持っていく，子どもた
ちに持っていくとどうなるか。全体を調整する憎まれ役がいないといけない
と思います。

延沢恵理子教諭：

　話し合っても，対話をしても，そういうことが起きるということですか。

浅田和伸所長：

　対話といっても，全ての人の意見がぴったり一致するなんてあり得ないですし。現実には，最大公約数的なところを見ていくというのが一つと，もう一つはものすごく困る人が出ないようにするということですかね。

　実際に政策をつくっていく中では，基本的にはみんな自分の意見が正しいと思っているわけですよ。だから，正しいと正しいのせめぎ合いなんですよね。その中で実際にどれを政策として取り上げるかというのは，説得力や実現可能性，予算や定員措置などの裏付けといったことなども含めて，やはりある種の力が必要です。だから，それを持てるように組み立てていくことが必要なんだろうと思います。対話をしたら自動的にうまくいくというものではないように感じます。

宮本友弘教授（司会）：

　ありがとうございます。倉元先生，いかがでしょうか。

倉元直樹教授：

　「大学入試は妥協の芸術」というのは，私の造語ですけれども，教育現場はほかのところでもあると思うんだけれども，絶対に互いに成り立たない筋と筋のぶつかり合いなんですよね。それって何かというと，対話じゃなくて，おそらく，実際はパワーゲームになっているんですね。本当はそれを上から調整できるという立場なり，そういうものがあればいいんだろうけれども，なかなかそうはならない中で，行政の人も大変苦労しているということは，我々は理解しなきゃいけない。

　その中で，多分，今，議論の外にあるのは研究の役割なんですけれどもね。研究者が，……これは私の偏見かもしれないんですけれども，……大学入試を語るときに，ほとんどの人は自分の分野の応用だと思ってこれに当たっている。これは，非常に不幸なことだと思います。例えば，久保先生や私は「教育測定論」という分野で学んできた。その中で，今，例えば，共通テストの得点調整の仕組みなんかは不満があるわけですよ，例えばね。この不満を解消するには自己採点という制度をなくして，自動的に調整した得点を受験生に知らせれば良い，みたいなことはある程度分かっているんだけれども，

でも，それをその論理で貫いてしまうと，また別なところで不具合が出たりするわけですよね。だから，そこのところは，多分，ある意味，学者のモラルというのが問われるのかな，と思います。

　大学入試を専門にする研究者というのが出てきてほしいな，というのは私の切な願いだし，この場を借りて……「言うべきときじゃない」と言われれば，もしかしたらそうなのかもしれないけれども，……訴えるとすれば行政にそういう後押しをしてほしいな，と個人的には思うところです。

宮本友弘教授（司会）：

　ありがとうございます。エビデンスについては，浅田先生も延沢先生も強調されていたと思うんですが，エビデンスって基本的には研究に裏づけられていることが含意されています。そのあたりについては，浅田先生はいかがでしょうか。

浅田和伸所長：

　もちろんそうです。また，研究だけではなく，教育現場の実態，実情といったものもエビデンスだと思っています。よく言われるように，教育については，何かを行ったとしても，その効果だけを取り出して示す，測るということが非常に難しい。だからどうしてもビッグデータを使って相関を見るとか，あるいは，これは説得力の面では弱いのですが，個別の事例を示すとかいうことになるんですよね。

　だけど，ビッグデータはともかく，個別の事例が，理解しようとしない人に対して説得力を持たないのは分かりきったことで，だからこそ，そこに理論的，学術的な裏づけが欲しいところです。一連の高大接続改革の議論の中でも，関係会議のメンバーの中に，数は少なかったですがテスト理論などの専門の方もおられて，それは我々が説明などをしていくときに非常に頼りになりました。恐らく関係者，世の中に対しても説得力を持つと思うんです。そういう意味では，研究との連携は，行政としても，また現場も欲していると思います。現場を良くすることにつながるような，いい形での連携がもっとうまくできないかな，と思います。

宮本友弘教授（司会）：

ありがとうございます。

お時間も少し迫ってきましたので，先ほど申し上げた情報を含む令和7年度入試，それについてお話を進めたいと思います。これについては，先ほど倉元先生のご発言の中で，大学入試に関しては個別大学が責任を持つとありましたので，それを踏まえて，倉元先生，最初に行きますか。それとも宮本先生から行きますか。

倉元直樹教授：

令和7年度入試ですか。

宮本友弘教授（司会）：

に向けてですね，新学習指導要領対応ということで。

倉元直樹教授：

東北大学に関して言うと，今，議論を進めているところなので，私の立場で今言えることは特にないです。ただ前提として言えば，一つは「情報」という分野が重要だということは，少なくともコロナ禍を通じて非常に浸透したことは浸透したと思うんですよ。ですので，東北大学でも，教育の中で「情報」を非常に重視した教育を行うということを始めていますし，高等学校でも体制は整備してほしいなというのは大学からの要請としてはある。問題は，大学入試のところでどうかという話に関して言うと，これからそれこそ対話を重ねていくという必要があるのかなというふうには思っています。以上です。

宮本友弘教授（司会）：

ありがとうございました。宮本先生，お願いいたします。

宮本久也校長：

今年の1年生からですけれども，今高等学校はどこの学校も教育課程が2本に分かれていますよね。2，3年生はいわゆる前の教育課程，1年生だけ

新しく学習指導要領が変わって教育課程が変わった。新しい学習指導要領は，今までの学習指導の改訂のものとは全く違うんですよ。つまり，今回の改訂は教える内容だけでなく指導法や評価のあり方など質的な改革がものすごくされています。ですから，これまでのものとは全く違うと言ってもいいと思うんです。例えば国語なんかにしても，もう科目名からそもそも違ってきていますし，いわゆる学力の定義自体が，学力の3要素に示されているように大きく変わっているし，それに基づいて教えていく，評価をする。

　だから，今の1年生が受験をする令和7年度入試は今までと同じじゃないんだよということを，まずは大学の先生方に理解をしてもらいたいと思うんですよね。つまり，我々は教え方を変える，あるいは子どもの学びを変えるというところで今試行錯誤をしているので，そのあたりのところを早い段階からぜひ大学の先生方にはしっかりと理解をしてもらいたいなと思います。そうした理解がなく，今までの科目のものをちょっとこう変えたぐらいの入試で評価をされると非常に困ります。だから，どこがどう変わっているのかというのを，しっかりと大学の先生方にはぜひ理解をしてもらいたいなと思います。

　同時に，やはり2年前には変更の内容をある程度示していただかなければ困ります。そんなにもう実際時間はないんですよね。ただ，学習指導要領自体はもう何年も前に出ているわけですから，教科書だってもう今はどんどん出てきているわけですから，大学側も準備はできるはずなので，ぜひこのところはしっかりお願いをしたい。そうじゃなければ，高等学校がせっかく今学びを変えようとしているのに，その変えようとしている学びを入試で評価してもらえないのであれば，結局また学びが元に戻ってしまいます。ですから，ぜひそこのところは大学の皆さんにお願いしたいと強く思います。

宮本友弘教授（司会）：

　ありがとうございます。

　延沢先生がご発表の中で無理と思いっきりおっしゃっていたんですけれども，これまでの議論を踏まえて，どうぞ。

延沢恵理子教諭：

　無理ですよ。ていうか，量が多過ぎませんか。それでなくてもやっぱり生徒たちにちゃんと，授業の中でそれぞれの教科が，例えば私，国語ですけれども，国語の世界とつながるというか，そういう学びをさせていきたいじゃないですか。数学の世界とつながる，理科の世界とつながるというのが多分授業の中での本質だと思うんですけれども，そこから始まって学問の世界に入っていける子どもたちになっていくんじゃないかなと思うんですけれども，それができる余裕がないというのは何かおかしいなってやっぱり感じます。

　先ほど宮本先生がおっしゃったように，育てたものを測ってほしいとは思いますけれども，子どもたちは受験のために生きているわけじゃないので，その後も続く学びというか，自分で学んでいける力というか，そういうところをやる時間が欲しいなあと，国語面白いなと思う生徒を育てたいなと思います。

宮本友弘教授（司会）：

　その背景として，倉元先生がご指摘していた飽和したカリキュラムというお話があったんですが，倉元先生，どうでしょうか。

倉元直樹教授：

　大学というか，東北大学というところの立場では，……私がこういうふうに言っていいのかどうか分からないんですけれども，……最終的には将来の社会を支える人を輩出する必要があるんですよね。そこは譲れない。だから，いろんなメッセージが出ている，そのターゲット，中心がどこにあるのか，ということは考えたい。将来にわたって活躍できる人を育てることに反しているんだったら，これはちょっと私たちを中心にしたメッセージではないのかもしれない，というふうには考える必要がありますよね。

　当然，現場でできることは何か，そこは先ほど申し上げたように，これは多分非常に大事な原理だと思うんですけれども，高校時代にその場を充実した形で，生きる希望をそこで得るというようなことが必要な子どもも，いると思うんですよ。そこのメッセージなのか，どうなのか。それとも将来の社会を支える人はこういう形でないと育たない，という話なのか。私自身は，

先ほど講演のところでちらっと言いましたけれども，多分，ねじれて発信されていると思っています。ですので，将来，日本の社会あるいは世界を支えていく人たちを出す大学だという前提で言えば，東北大学は，多分，そういうスタンスでメッセージを出すんだろうなと思います。私が決めることではないので，そう思います。

宮本友弘教授（司会）：

今のを踏まえて，浅田先生，ちょっといろいろ難しいところもあると思いますが，お願いします。

浅田和伸所長：

「情報」の扱い自体は，私は決めるところに全く関わっていないので，何とも言いようがないですし，言うべきでないと思います。国大協でも随分議論されたことも知っています。ただ，この手のことは，報道で表に出ること以外にも，実際には当事者以外の目からは見えにくいことが多々あるものなので，それを知らないまま，はたから見たらこうだよねというようなことは，私の立場では控えるべきだろうと思います。

せっかくなので，今日は主に大学関係の方が多いと聞いていますから，投げかけてみたいことがあります。宮本先生から，大学入試についての対話では高校関係者と大学関係者がもっとイーブンに，五分五分ぐらいの割合で関われるといいなというお話がありました。大学側の本音はどうなのでしょう。私は大学入試センターや高等教育局にもいましたが，率直に言って，多くの大学関係者の方から非公式の場で聞いたのは，大学入試は大学のものであるから大学が決めるべきである，高校のものではないという声が強かったです。表ではそう言わないかもしれないですが，実際にはそういう感覚の大学関係者も多いんじゃないでしょうか。

大学入試が大学のものであるということ自体の正しさはさておき，現実に高校教育に大きな影響を及ぼしているのは確かです。そこは高校関係者と大学関係者との対話がもっとあっていいんじゃないかという気が私もします。腹の中に別の本音を隠したまま，表面的な対話をしても仕方がないでしょう。この手のことは，本音で議論しないと進みませんから。

宮本友弘教授（司会）：

　そうですね。宮本先生の発表にあったインフォーマルな対話も含めて，胸襟を開いて本音で語り合える，そういう状況をつくり出していくことはすごく重要だと思います。

　さて，もっともっといろいろお話聞きたいところなんですが，終わりが迫ってまいりました。最後に，今回のテーマも含めまして，参加者の皆さんに向けてメッセージをそれぞれ一人ずつ発していただきたいんですが，倉元先生，何かありますか，その前に。

倉元直樹教授：

　私に振られるのは，最初に振られるとちょっと思っていなかったので……。

宮本友弘教授（司会）：

　いやいや，先生，まとめに行く前に，何か先生のほうであればと思っただけです。

倉元直樹教授：

　いえ，今日，私自身は企画者の立場でもあって，そういう立場で言うと，結構，面白い話が聞けたかなというふうに，一聴衆としては思いました，参加しながら。

宮本友弘教授（司会）：

　ちょっと自画自賛も入っております。

倉元直樹教授：

　そういうことじゃないんですけれどもね。

宮本友弘教授（司会）：

　それでは，最後，参加者の皆さんに向けてメッセージということで，延沢先生からお願いできますか。

延沢恵理子教諭：

　「声を上げろ」というふうに言われても，大学の先生に囲まれて，高校の教員として，これ正解なのかな，これ言って大丈夫かなとかという中でお話するという，今まさにその状態なんですけれども，それを言うのはなかなか勇気が要ることだなと感じます。でも，正解じゃなくてもいいかなとちょっと思っていて，今この場でも「馬鹿だと思われているかもしれない」とも正直思いますけれども，でも，そういうことを胸襟開いて話していく中で，大学の先生が下りてきてくださるというのを体験するのも一つかななんて思っているところです。

　あわせて，私は中学生だった生徒たちに，「世界が100人の村だったら，大学に行く子は1人なんだよ」って話をして，「残りの99人の幸せを考えるのが大学に行く人間の使命なんだよ」と教えてきました。それを，自分自身も未熟者ですけれども，やっていこうかなと思って生きているので，ここにいらっしゃる先生方と一緒にやっていけたらいいなと感じているところです。

宮本友弘教授（司会）：

　ありがとうございました。宮本先生，お願いいたします。

宮本久也校長：

　やっぱり対話って大事だなという，今日もこうやってこのテーマでお話をしていく中で，私自身も考えが深まったり，あるいはこういう考えもあるなと考えが広がったりということで，やはり思っていることを声に出して，そこでお互い言いたいことを言えるような状況というのを，どういう場でも私はつくっていくということが大事だと思います。もう一つはやっぱり会話の前提は想像力だと思うんですよね。相手はどう思っているのかなということをお互いが思い合うということですよね。つまり，絶対自分が正しいということはあり得ないんで，多分，私はこう思うけれどもというところがあって，じゃあ他の方はどう思っているんだろう。だから，やっぱりお互いそういうことで相手に対する想像力というか，そういうものを働かせながら対話をしていくということが，もっともっといい結論が出るような対話になるのかなと思いました。以上です。

宮本友弘教授（司会）：

　ありがとうございました。倉元先生，お願いいたします。

倉元直樹教授：

　どういうふうにまとめようか，迷いながら宮本先生のお話を聞いていたんですけれども，対話に臨むためには，やはり自分の中にきちんとしたインプットが必要なんだなというのを改めて思った次第です。だから，多分，私は入試ということだと語れると思うんだけれども，それ以外の雑多なテーマに関して語るだけの見識があるかというとそうじゃないということは，一研究者としては学者としては心に銘じておきたい。その上で，自分が分かっていることは分かっている，分からないことは分からないという形で対話に臨みたいと思いました。以上です。

宮本友弘教授（司会）：

　ありがとうございます。最後に，浅田先生お願いいたします。

浅田和伸所長：

　ごめんなさい。私が最後というのは変だなと思うけれども，二つ申し上げます。一つは，今日，私は主に高大接続改革の経緯の話をしました。その中でも申し上げたつもりですが，ごまかす気はありません。批判は受けとめなければいけないと思います。また，力不足を反省しなければいけないとも思っています。今後，ほかのことも含めてですが，こんなようなことにならないように生かしていかなきゃいけません。

　二つ目は，今日の話でもかなりの部分，私個人の見方や経験などを述べさせていただきました。特にこの討議の時間は，かなり自分の意見も言わせていただきました。一個人の意見にすぎないといえばそのとおりですが，現場や大学と同じように，行政もまた生身の人間がいろんな思いを持ちながらやっているのだということは，ほんの少しでいいですけれども，知っていただける機会になったかなと思います。どうもありがとうございました。

宮本友弘教授（司会）:

　ありがとうございました。

　それでは，時間となりましたので，これで討議を終了させていただきたいと思います。4人の先生方，どうもありがとうございました。

文　献

東北大学高度教養教育・学生支援機構・国立大学アドミッションセンター連絡会議
　　（2022）. IEHE Report 86　第36回東北大学高等教育フォーラム報告書　新時代の大
　　学教育を考える［19］大学入試政策を問う――教育行政と教育現場の「対話」
　　――　東北大学高度教養教育・学生支援機構

第8章

東京都立大学と東京都教育委員会による
高大連携事業の共同推進

板倉　孝信

第1節　はじめに

　本章では，東京都立大学と東京都教育委員会が共同推進する高大連携事業について，両者の全事業における位置付けを明確にした上で，3つの具体的な取り組みについて紹介する。高大連携事業には，①大学から高校生への模擬授業や探究支援の提供，②高校・大学教員による共同研修や情報交換の実施という2つの局面が存在するが，本章は①に注目する。①の高校生を対象とする高大連携事業では，進路選択や大学体験の一環として，高校から大学に対して従来から模擬授業の提供依頼が盛んに行われてきた。しかし近年の探究学習に対するニーズの高まりを受け，高大連携事業のあり方は大きな変革の時期を迎えており，新たなフェイズに入りつつあると言える。

　東京都立大学においても，東京都や神奈川県などの近隣校から，模擬授業だけでなく大学訪問や探究支援をはじめとする様々な依頼があり，入試課と高大連携室がそれに対応している。高校が推進する探究活動への助言・指導は，大学の高大連携事業にとって重要であるが，限られた教育資源を駆使し，各高校の多様なニーズに十分に対応することは容易でない。また探究活動に関する高校間格差も如実に存在するため，その是正には大学が主催する枠組が必要となるが，それを単独で構築するには大きな困難が伴う。そこで東京都立大学は東京都教育委員会の発案を受けて，高校側のニーズ把握や高校への情報発信などを東京都教育委員会に依存することで，本章で取り扱う共同推進事業を実現した。

　東京都立大学は令和2年（2020年）4月に首都大学東京から改称したため，本章の対象時期は旧名称と新名称の過渡期に該当するが，混乱を防止するた

め，すべて「東京都立大学（都立大）」に統一して呼称する。また都立大と高大連携事業を共同推進する東京都庁の担当部署は，東京都教育庁指導部高等学校教育指導課であるが，東京都教育庁は同教育委員会の事務局に相当する部局であるため，本章ではすべて「東京都教育委員会（都教委）」に統一して呼称する。一方，都立大における同事業の担当部署は南大沢キャンパスの管理部入試課であり，都教育庁指導部高等学校教育指導課の指導主事と都立大入試課の入試担当係長が，両組織の主担当として調整を行っている。

　このような大学と教育委員会が共同推進する高大連携事業の先行研究としては，教職免許取得を希望する大学生を対象とした技能研修が大半を占めており，実に枚挙に暇がないほどである。それに対して，高校生を対象とする高大連携事業における大学と教育委員会の協力関係に注目した先行研究は，徳島県内の大学と徳島県教委（徳島県教育委員会学校政策課，2009），関西学院大学と大阪府教委（尾木，2014），福井大学と福井県教委（大久保・中切・田中，2022）など少数しか存在せず，東京都内の大学と東京都教育委員会に関する事例も管見の限り見当たらない。そこで本章では，東京都立大学と東京都教育委員会による高大連携事業に焦点を当て，高校生を対象とする取り組みを中心に，公立大学と地方公共団体の協力関係の一側面を明らかにする。

　都立大と都教委の共同推進事業は，①先端研究フォーラム，②理数研究ラボ（夏季集中ゼミ），③高校生探究ゼミの3本柱から構成されているが，これらはいずれも都教委から打診を受け，都立大で実現されたものである。各イベントの初年度には，都立大と都教委の担当部署間で企画に関する綿密な打ち合わせが重ねられたが，継続年度は新型コロナウイルス感染症や東京オリンピック開催などへの対処を除けば，スムーズに運営されている。平成29～31年（2017～2019年）に小・中・高等学校などの学習指導要領が相次いで改訂され，主体的・対話的で深い学びを実現するための探究型学習に焦点が当てられたことが，これらの共同推進事業が構想された背景に存在する。

　なお本章の執筆に際しては，東京都立大学管理部入試課の担当者より，共同推進事業に関する資料一式の提供を受け，過去の実績事例についての詳細な聞き取り調査を行った。また東京都教育庁指導部高等学校教育指導課の担当者3名にも聞き取り調査を実施し，都教委の目的意識や事業開始の契機，

都立大との調整作業や他大学との連携事業について，貴重な情報を得た。さらに都立大と都教委のホームページより情報を収集し，都立大の高大連携や入試広報の資料を参照した上で，本章の執筆に臨んでいるが，公開困難な部分を省略した点はご容赦願いたい。

　本章では，まず第2節で「東京都立大学による高大連携事業の全容」，第3節で「東京都教育委員会による高大連携事業の全容」について概観し，都立大と都教委のそれぞれが実施する高大連携事業全体の中で，共同推進事業がどのような位置付けにあるのかを探る。次に第4節で「先端研究フォーラム」，第5節で「理数研究ラボ（夏季集中ゼミ）」，第6節で「高校生探究ゼミ」の各取り組みについて紹介し，これまでの共同推進事業の実績と効果を明確にした上で，新型コロナウイルス感染症やオリンピックなどの諸問題に対する都立大と都教委の対応を説明する。最後に第7節で，共同推進事業の持つ意義と現状の課題を述べた上で，ポストコロナ時代への展望にも触れておきたい。

◆◇◆
第2節　東京都立大学による高大連携事業の全容

　東京都立大学による高大連携事業は，①入試課，②高大連携室，③オープンユニバーシティ（OU）事務室（生涯学習推進課）が主催する取り組みに大分類できる。本章で対象とする東京都教育委員会との共同推進事業は，東京都立大学入試課と東京都教育庁指導部高等学校教育指導課を担当部署として行われているため，上記①に該当する。本節では，①～③の事業内容についてそれぞれ概観した上で，都立大の高大連携事業全体における都教委との共同推進事業の位置付けを明確にしていきたい。なお本章では紙幅が限られており，入試広報を含む広義の高大連携事業を網羅的に詳説することは困難であるため，主要な事業概要を紹介し，その大枠を示すことを優先する（表8-1参照）。

　まず，①入試課が主体として実施する高大連携事業としては，都教委との共同推進事業が挙げられる。この詳細については第4～6節で説明する。これらの事業において，入試課は都教委との連絡調整を担当するとともに，先

表8-1．東京都立大学による高大連携事業

①入試課	都教委との共同推進事業（先端研究フォーラム・理数研究ラボ・高校生探究ゼミ），学外出張講義，模擬授業映像，ミニ講義記事，オープンキャンパス，みやこ祭，進学ガイダンス
②高大連携室	学内模擬授業，特別講演，高大連携ゼミ，探究活動支援，オンライン個別相談，シンポジウム，研究協議会，ウェブツール（ツイッター・インスタグラム・ブログ・ホームページなど）
③OU事務室	学外者向け講座（高校生専用講座あり）

端研究フォーラム，理数研究ラボ，高校生探究ゼミの担当教員を選定し，その実施を支援している。また高校生対象の出張講義においても，高校からの依頼内容に基づいて，高大連携室に相談した上で各学部・センターの担当教員に連絡し，現地での模擬授業を仲介するのが入試課の業務範囲である。さらに，ウェブコンテンツとして模擬授業映像やミニ講義記事を作成する際にも，入試課が担当教員に依頼するとともに，コンテンツ作成会社との折衝を行っている。

　このように入試課は高大連携事業において，主に学外組織と学内教員の橋渡しを担当しており，入試広報事業との境界領域でも同様の役割を果たしている。またウェブ型・来場型大学説明会（オープンキャンパス）においても，イベント全体を運営・管理するとともに，各学部・センターの教員による模擬授業や特別講演を支援している（東京都立大学，2022a）。その一方で，入試広報事業に該当する学外での進学ガイダンスは入試課職員が，高校訪問は主に各学部教員が担当しており，相互にすみ分けを行っている。入試課の担当範囲は，同じアドミッションセンターに所属する高大連携室との重複部分も多いが，全学的に各学部・センターの教員に参加を求めるものが多い点に特徴が認められる。

　次に，②高大連携室が主体として実施する高大連携事業としては，大学キャンパスに訪問する高校生を対象として，学内で行われる模擬授業や特別講演が挙げられる（東京都立大学，2022b）。高大連携室は大学キャンパスでのガイダンスや見学を担当するとともに，模擬授業や特別講演の担当教員についても，関係教員や各学部・センター教員から選定している。また令和3年度（2021年度）には，高大連携室の所属・関係教員により，中国建築（木之内誠特任教授担当）や政治学（筆者担当）に関する高大連携ゼミを開講した

（東京都立大学, 2021a）。さらに都立大の協定校や重点校を中心に高校における探究活動を支援するため, 学内教員や高大連携室の大学院生スタッフを動員し, 多様なニーズに応える体制を整備している。

　高大連携室による高大連携事業は, 入試課より高校との距離が近いものが多く, 所属教員や大学院生スタッフなど独自の教育資源を有している点に特徴が認められる。特に探究活動支援や学習・進学相談については, 令和2年度（2020年度）にオンライン個別相談窓口を開設し, 高校生の抱える諸問題にきめ細やかな対応を試みている。また毎年開催のシンポジウムや研究協議会では, 主体的学習・探究活動や英語・情報教育などの課題に関して, 高校・大学教員間の情報共有と意見交換を行っている。さらに高大連携室では, ツイッター, インスタグラム, ブログ・ホームページなどのウェブツールを駆使し, 高校生向けのイベント告知や有益な情報を発信している。

　③オープンユニバーシティ事務室（生涯学習推進課）が主体として実施する高大連携事業としては, 多岐な分野にわたる学内外教員が提供する学外者向けの講座が挙げられる（東京都立大学, 2022c）。特に高校生は無料で受講できる上, 高校生専用講座も設置されており, またコロナ禍ではオンライン受講が可能なものも多いため, 遠隔地の高校生にも大学講義を提供している。筆者も令和4年度（2022年度）の夏季に探究学習（中間発表）に関する講座を, 冬季に歴史総合（高校新設科目）に関する講座を高校生向けに設置している。特にオープンユニバーシティ事務室は, 入試課や高大連携室より高校生への広報力が強く, さらにウェブ広告も用いているため, 遠隔地への訴求力もある点に特徴が認められる。

　ここまで概観したように, 都立大による高大連携事業は実に多岐にわたるが, 本章で取り扱う都教委との共同推進事業は, ①の入試課が担当する取り組みに該当する。広報対象は東京都立の高等学校と中等教育学校の生徒のみに限定されるが, 各校教員にも直接働きかけるために広報力が強く, 多くの参加者が集められる。実際に先端研究フォーラム, 理数研究ラボ, 高校生探究ゼミなどの高大連携事業は, 都立大の教育資源と都教委の広報資源を活用することで大きな効果が期待できる。さらに当該事業の実施には高大連携室も一部協力しており, 平成30年度（2018年度）に開始された比較的新しい取り組みでありながらも, 全事業の中で重要な位置を占めつつある。

第3節　東京都教育委員会による高大連携事業の全容

　東京都教育委員会による高大連携事業は，高校新学習指導要領が告示された平成30年（2018年）7月より，各大学との連携協定締結を通じて加速していった。都教委は，平成30年（2018年）に東京都立大学（東京都教育委員会，2018），平成31年・令和元年（2019年）に東京農工大学・東京学芸大学・東京外国語大学（東京都教育委員会，2019a，2019b，2019c），令和2年（2020年）に電気通信大学・産業能率大学（東京都教育委員会，2020a，2020b）と相次いで連携協定を締結している。また大学全体ではなく機構を対象として，令和元年（2019年）に東京大学先端科学技術研究センター（東京大学先端科学技術研究センター，2019），令和3年（2021年）に慶應義塾大学SFC研究所（東京都教育委員会，2021）とも連携協定を締結した。本節では各機関との連携協定の具体的内容と，それに関する主要な取り組みについて概観したい（表8-2参照）。

　都教委と都立大の高大連携事業は，平成30年（2018年）9月の連携協定締結以前から，平成29年（2017年）6月に先端研究フォーラム，平成30年（2018年）7月に理数研究ラボとして既に開始されていた。さらに協定締結後の令和2年（2020年）9月に，高校生探究ゼミを開始している。令和2年度（2020年度）には新型コロナウイルス感染症により先端研究フォーラムと理数研究ラボは中止されたが，令和3年度（2021年度）にはオンライン形式

表8-2．東京都教育委員会による連携協定締結機関

京都大学：平成26年（2014年）7月16日
東京都立大学：平成30年（2018年）9月18日
東京農工大学：平成31年（2019年）3月5日
東京学芸大学：平成31年（2019年）3月28日
東京大学先端科学技術研究センター：令和元年（2019年）9月27日
東京外国語大学：令和元年（2019年）10月18日
電気通信大学：令和2年（2020年）3月27日
産業能率大学：令和2年（2020年）3月30日
慶應義塾大学SFC研究所：令和3年（2021年）3月1日

で再開された。また令和4年度（2022年度）には理数研究ラボの夏季実施が困難となったため、秋季に文系講座を含めた集中ゼミとして代替実施した。詳細は第4〜6節にて説明するが、これらの取り組みは中止や代替を経験しつつも継続されている。

　また東京農工大学・東京学芸大学との高大連携事業では、都教委の都立高校改革推進計画に基づき、社会的自立に必要な知・徳・体の育成を目指している。東京農工大学とは、研究者としての素養を高校から大学・大学院まで一貫して育成する高大連携教育プログラムの実現に向け、多摩科学技術高校（工学部）と都立農業高校（農学部）を拠点とした連携を進めている。また東京学芸大学とは、将来の東京の教育を担う人材の育成に向けて、小金井北高校を拠点に教師としての基本的な素養や職業意識を育成する高大連携教員養成プログラムを推進している。この両大学では、特定の拠点校を中心に専門分野を生かした高大連携事業を進めており、大学院や社会への接続も意識している点に特徴がある。

　さらに東京外国語大学と電気通信大学についても、上記と同様に都立高校改革推進計画に基づいて、知の拠点である大学が多く所在する東京の地の利を生かし、様々な分野に特色や強みを持つ大学との連携を強化している。具体的には、言語・文化・社会分野に強みを持つ東京外国語大学と、情報・理工学分野に強みを持つ電気通信大学に対して、大学のニーズも踏まえながら取り組みを進めている。特に東京外国語大学は、南多摩中等教育学校を拠点校、白鷗高校を共同実施校、日比谷高校などを事業連携校とする都教委主催のDiverse Link Tokyo Eduに参加し、高校生に専門的な教育機会を提供することで、自立した社会人として世界的に活躍できる人材の育成に協力している。

　その一方で産業能率大学とは、総合学科高校での高大連携を推進し、大学のハイレベルな研究手法や指導方法を学ぶことで、課題研究を深化させる試みが進んでいる。特に経営学の学びを駆使して企業や自治体の課題解決に挑むProject Based Learningなど、学生が主体的に学ぶアクティブラーニングの視点を取り入れた授業を高校生に提供している。また本部が東京都内に所在する上記の大学に先駆けて、都教委は平成26年（2014年）7月に京都大学と連携協定を締結した（京都大学，2014）。これは従来型の大学見学や模擬授

業を中心とするものであったが，平成29年（2017年）11月に関東の高校生を対象として，京都大学の最先端の研究成果を講演する京都大学高校生フォーラムを東京で開催している。

　また大学全体との連携協定でなく，都教委が大学機構と個別に協定を締結した事例として，東京大学先端科学技術研究センターと慶應義塾大学 SFC 研究所が挙げられる。東京大学先端科学技術研究センターは東京外国語大学と同様に，前述の Diverse Link Tokyo Edu に参加し，新しい時代に対応できるグローバル人材を育成するため，高校における高度で創造的な探究学習を支援し，教育機会を提供している。また慶應義塾大学 SFC 研究所は，デジタルを活用して学習方法を知識習得型から課題解決・価値創造型へと転換する，都教委主催の TOKYO スマート・スクール・プロジェクトに参加した。この中で高校生の最適な学びを実現するために，教育データを可視化して分析する教育ダッシュボードの開発などに取り組んでいる。

　以上で概観したように，都教委による高大連携事業は各大学との連携協定に基づいて推進されているが，本章で取り扱う都立大との共同推進事業は，その中でも重要な役割を果たしている。都教委が連携協定を締結している大学のうち，都外に本部のある京都大学を例外とすれば，多数の学部を抱える総合大学は都立大のみであり，唯一の包括連携協定を結んでいる。また他大学はそれぞれの特定分野に特化した高大連携事業を展開しているのに対して，都立大は7学部がこれに参画しており，都立高校・中等教育学校全体に広く教育機会を提供している。次節以降では，実際に都立大と都教委が共同推進している3つの高大連携事業について，その詳細な内容を見ていきたい。

◆◇◆

第4節　先端研究フォーラム

　都立大と都教委による共同推進事業の中で，最初に実現されたものは先端研究フォーラムであり（首都大学東京，2019），第1・2回は両者による包括連携協定の成立前であった。理数研究ラボと高校生探究ゼミが少人数を対象とする複数回型の演習形式であるのに対して，先端研究フォーラムは大人数を対象とする単発型の講演形式である点に特徴がある。また他二者が都教

委を主催者としているのに対して，先端研究フォーラムは都立大を主催者，都教委を共催者としている。令和2年度（2020年度）は新型コロナウイルス感染症の影響によって中止となったが，平成29年度（2017年度）〜令和4年度（2022年度）の6〜7月に毎年1回のペースで，これまでに計5回が開催されている。第1〜3回は都立大の南大沢キャンパスの講堂大ホールにて対面形式で，第4〜5回はZoomウェビナーを利用したオンライン形式で実施された（表8-3参照）。

これまでの先端研究フォーラムでは，第1回に地球環境化学，第2回に宇宙物理化学，第3回に航空宇宙工学，第4回に近世日本史学，第5回に小児作業療法学に関する講演が，都立大の教員によって行われた。各回の講師とテーマは，高校生の興味や関心が強い領域を中心に，学問分野のバランスや時事的な背景などに応じて決定されてきた。高校学期中の平日開催のため，各回とも16〜18時台に120〜150分で実施され，講師講演75分，質疑応答20〜30分，学生講演20〜40分，開閉会式10分の構成となっている。この中の学生講演では，都立大の学部学生や大学院生が自身の進路選択や大学生活を紹介することで，大学での学習や研究の持つ魅力を参加者に伝えている。また質疑応答では，講師や学生に対する質問を参加者から広く受け付け，それに講演者が丁寧に回答しており，毎回好評を得ている。

第1〜3回の対面形式では，参加者が比較的多い高校は教員が生徒を引率

表8-3．先端研究フォーラムの実績事例

2017年度 （第1回）	地球環境を化学が守る―化学が挑む地球環境問題― （都市環境学部　川上浩良）
2018年度 （第2回）	実験室で見る宇宙空間の物理と化学 （理学部　田沼肇）
2019年度 （第3回）	スーパーコンピューティングによる将来の航空機・宇宙機の研究（システムデザイン学部　金崎雅博）
2021年度 （第4回）	歴史学の最先端―ナンバーワンからオンリーワンへ― （人文社会学部　谷口央）　※オンライン
2022年度 （第5回）	人・環境・作業の視点で遊びを科学する （健康福祉学部　伊藤祐子）　※オンライン

し，比較的少ない高校は生徒が個人で，都立大南大沢キャンパスに来訪する場合が多かった。第4〜5回のオンライン形式では，高校内で同時配信映像を集団または個人で視聴することになり，離島など比較的遠方の参加者も散見された。参加者数は，第1回が265名，第2回が445名，第3回が373名，第4回が356名，第5回が264名となっており，対面，オンラインの開催形式による変化は明確に見られない。ただしオンライン形式になって，参加者が極端に多い高校と極端に少ない高校が顕著に見られるようになり，対面形式では参加しなかった生徒が気軽に参加するようになったことがうかがえる。都立高校の生徒・教員が全体の80%を占めるが，都立大や都教委の教職員や都立中等教育学校の中学生も，各10%程度含まれている。

　第1〜5回のアンケート結果を見ると「高校での勉強意欲が高まったか？」，「大学への進学意欲が高まったか？」，「進路選択の参考になったか？」の各問いには回答者の90%程度が「非常に高まった／参考になった」，「高まった／参考になった」を選択している。また参加動機については「おもしろそうだったから」，「テーマに興味があったから」が全体を通して多かったが，オンライン形式の第4〜5回では「都立大に興味があったから」，「進路選択に役立ちそうだったから」が対面形式の第1〜3回より比較的多かった。さらに自由記述では「講師講演は難しかったが勉強になった」，「学生講演で大学に親近感がわいた」，「英語学習の重要さを実感した」などの回答があり，日常的な高校の学習では実感しにくい学問の奥深さや大学生の実態に触れた点でも有意義であったと思われる。一方，教員と学生による講演が参加者にそれぞれ異なる影響を与えていたことも，その後の研究調査で明らかになっている（大野・磯・河西・溝口，2023）。

　先端研究フォーラムは，単発型の講演形式で比較的参加しやすいが，毎年数百人の参加者を確実に集めることができるのは，都教委の都立高校への広報力に依存する部分が大きい。また当初は都立大と都教委の協議の中で，都心会場での開催も検討されていたようだが，新型コロナウイルス感染症の影響で困難となり，第4〜5回はオンライン形式に転換された。また令和3年（2021年）7月には東京オリンピックが開催されたため，実施時期を例年の7月中旬から6月中旬に前倒ししたが，ハイブリッド形式の採用は見送られた。対面，オンライン形式のいずれの場合も，都立大入試課職員が中心と

なって準備を進めたが，高大連携室の所属・関係教員や大学院生スタッフも運営に協力した。この先端研究フォーラムは，オープンキャンパスを例外とすれば，都立大で実施される高大連携事業の中で最大のイベントと言える。

◆◇◆
第5節　理数研究ラボ（夏季集中ゼミ）

　都立大と都教委の共同推進事業の中で，先端研究フォーラムに続いて成立したのは，平成30年（2018年）7～8月に開始された理数研究ラボ（夏季集中ゼミ）であった（首都大学東京，2018a）。この企画は少人数・複数回制の演習形式であり，高校生が大学研究室を訪問し，最先端の研究に触れることを目的とする。またこの企画では，都教委が主催者となっている点に特徴があり，参加者募集に関する問い合わせへの対応や，定員以上の応募があった際の参加者選抜も都教委が担当している。令和2年度（2020年度）は新型コロナウイルス感染症により中止されたが，平成30年度（2018年度）～令和元年度（2019年度）の第1～2回はシステムデザイン学部が日野キャンパスにて対面形式で，令和3年度（2021年度）の第3回は理学部がオンライン形式で実施した。なお，令和4年度（2022年度）の第4回は変則的な開催となったため，詳細は後述する（表8-4参照）。

　第1～2回の理数研究ラボでシステムデザイン学部は，情報科学科が音声・音楽加工と機械翻訳，電子情報システム工学科が光ファイバ，機械システム工学科がロボット開発とイノベーションデザイン，航空宇宙システム工学科が流体力学と飛翔実験，インダストリアルアート学科がIoTデバイスとCGデザインの合計9ラボを開講した。第1～2回の対面形式では，高校生の夏季休暇中に事前説明とラボ当日を含めて4日間大学に訪問してもらい，合計15～20時間の充実した構成で研究室での研究体験を実施した。各ラボでは担当教員だけでなく，各学域に所属する大学院生もTAとして参加しており，高校生の研究体験の進行をきめ細かにサポートする役割を果たした。参加者数は第1回が38名，第2回が36名で，全てのラボで定員が満たされており，都教委が書類選考で希望者から参加者を選抜した。

　また第3回で理学部は，数理科学科がせっけん膜，物理学科が素粒子，化

表8-4．理数研究ラボの実績事例

2018年度 （第1回） システムデザイン学部	音声・音楽を自在に操るスペクトログラム加工の研究
	ニューラル機械翻訳の研究
	光ファイバ通信システムの開発
	世界に1つのロボット研究開発
	翼のまわりの流れと空気力
	アンビエントメディア IoT デバイスのデザインと開発
2019年度 （第2回） システムデザイン学部	音声・音楽を自在に操るスペクトログラム加工の研究
	光ファイバ通信システムの開発
	イノベーションデザインチャレンジワークショップ
	モデルロケットの飛翔実験
	コンピュテーショナルデザイン
2021年度 （第3回） 理学部	せっけん膜の数理
	身の回りの素粒子の検出
	原子の重さを量る・分子の長さを測る
	君の足の下に広がる世界〜土壌動物の多様性〜
2022年度 （第4回） ※秋季開催	子どもの発達と遊びの探究
	政治学を探究しよう〜多数決の長所と短所を考える〜
	（変則的実施のため文系講座を含む）

　学科が原子・分子，生命科学科が土壌動物の合計4ラボを開講したが，土壌動物ラボは参加者が0名で成立しなかった。さらに第4回は，新型コロナウイルス感染症の影響により夏季に開講できなかったため，従来の研究室訪問という形式にこだわらず，秋季に特定テーマを探究する集中ゼミを開講し，健康福祉学部が小児作業療法学，大学教育センターが政治学（筆者担当）の合計2ゼミを提供した。第3回は，当初1日目がオンライン，2日目が対面というハイブリッド形式の予定であったが，新型コロナウイルス感染症の影響で1日目のみの実施となった。第4回は，小児作業療法学が1日制で対面形式，政治学が2日制でオンライン形式により実施した。参加者数は第3回が20名，第4回が15名で，講座数減少のためか，第1〜2回より少数に留まった。

　第1回の参加者アンケートによると，「講座の満足度はどうか？」は「と

ても満足」が約90％で「満足」が約10％，「研究への興味は高まったか？」，「研究に新たな気付きはあったか？」は「はい」がほぼ100％であった。事前アンケートでは，「研究に興味があるか？」は「大変興味がある」と「興味がある」がそれぞれ約50％，「過去に研究した経験があるか？」は「ある」が約30％であり，このラボが貴重な研究体験になったことがうかがえる。第1〜2回の各ラボの報告書を見ると「実験に失敗しても試行錯誤して再挑戦する姿勢が大事」，「普段触れることのない機械や器具を使用できた」，「他者と協力したり議論したりする大切さを実感した」との回答があった。実際に対面形式で大学研究室を訪問し，実験・作業・議論を通じて研究体験をすることが，高校生にとって重要であったと思われる。

　第3〜4回は新型コロナウイルス感染症の影響により，大半がオンライン形式での実施となったため，第1〜2回のように研究体験の臨場感は十分ではなかったが，大学の学問に触れる機会にはなったと推測される。理数研究ラボの研究室訪問という本来の趣旨に鑑みると，対面形式の重要性は先端研究フォーラムや高校生探究ゼミより大きいため，新型コロナウイルス感染症によるダメージは深刻であった。令和4年度（2022年度）は夏季開催を断念したものの，主催者の都教委が秋季開催を提案したため，筆者担当の文系講座を含めた変則的な実施形態となった。次節で紹介する高校生探究ゼミとは，少人数・複数回制という点で共通するものの，理数研究ラボは研究体験，高校生探究ゼミは探究支援と，異なる目標を持っている。そのため，両者は併存することが望ましいという点で，都立大と都教委の基本認識は一致している。

◆◇◆
第6節　高校生探究ゼミ

　都立大と都教委の共同推進事業として，本章執筆時点で最も直近に成立したものは，高校生探究ゼミであった（東京都立大学，2021b）。このゼミが開始された令和2年度（2020年度）は，新型コロナウイルス感染症の影響で先端研究フォーラムと理数研究ラボがいずれも中止となり，当該年度には高校生探究ゼミのみが開講された。高校生探究ゼミは理数研究ラボと同様に，少

人数・複数回制の演習形式であったが，3〜5カ月間にわたって毎回2時間×6〜10回で実施されており，本格的な探究指導を目的とする点に特徴がある。令和2年度（2020年度）の第1回は，4〜11月に全12回を対面形式で予定していたが，新型コロナウイルス感染症の影響で9〜11月に全6回のオンライン形式に変更された。令和3年度（2021年度）の第2回は7〜12月に全10回のオンライン形式で，令和4年度（2022年度）の第3回はそれをハイブリッド形式で実施した（表8-5参照）。

　第1回の高校生探究ゼミでは「宇宙の物理」，「歴史・文化を探る」，「電波でつながる人・もの・社会」の合計3ゼミが開講され，いずれも都立大の名誉教授が講師を担当した。また第2回から「宇宙の物理」に代わって「景観から『地』の『理』を『学』ぶ」が新たに開講され，第3回も同様に合計3ゼミの体制が維持されている。理数研究ラボと同様に，この企画も都教委が主催者となっており，参加者の募集や選抜を都教委が，当日のゼミ実施を都立大が担当する形で役割分担がなされている。開講曜日はいずれのゼミも隔週火曜日であるため，高校生が放課後に参加できるように，開講時間は17:30〜19:30の夜間に設定されている。参加者数は第1回が15名，第2回が13名，第3回が12名であり，いずれも定員30名（各ゼミ10名）に到達しなかったため，希望者は全員参加することができた。

　各年開講された3つのゼミでは，参加者数に応じてグループ学習を取り入れつつ，課題設定・調査研究・発表・討論を行うことで，それぞれのテーマ

表8-5．　高校生探究ゼミの実績事例

2020年度 （第1回）	宇宙の物理（大橋隆哉） 歴史・文化を探る（山田昌久） 電波でつながる人・もの・社会（多氣昌生）
2021年度 （第2回）	歴史・文化を探る（山田昌久） 電波でつながる人・もの・社会（多氣昌生） 景観から「地」の「理」を「学」ぶ（菊地俊夫）
2022年度 （第3回）	歴史・文化を探る（山田昌久） 電波でつながる人・もの・社会（多氣昌生） 景観から「地」の「理」を「学」ぶ（菊地俊夫）

に応じた探究学習を進めた。こうした活動により，参加者は情報を収集し整理する力，考えたり確かめたりする力，論理的かつ建設的に議論する力，プレゼンで的確に伝える力の向上を目指した。第3回にはハイブリッド形式に基づいて，全てのゼミでガイダンスと最終発表会が対面形式で実施され，景観地理学ゼミでは多摩ニュータウンの野外実習も組み込まれた。3つのゼミで合同開催された最終発表会では，参加者全員に探究成果の発表が義務付けられたため，パワーポイント等を用いたプレゼンを通じて，教員や参加者と積極的な討論が行われた。また最終発表会には高大連携室の所属・関係教員も参加し，発表に対するコメントや講評を述べた。

　各ゼミ参加者の感想において，歴史文化ゼミでは「楽しみながら調査することができた」，「他者の意見を聞いて思考が深まった」，電波社会ゼミでは「数学や物理が生活を豊かにすると知った」，「日常生活で感じていた疑問を解決できた」，「情報リテラシーの必要性を実感した」，景観地理学ゼミでは「自分の地元の良さに気付かされた」，「他者の発表から東京の広さを実感した」，「他者に物事を伝える難しさを知った」などの記述が見られた。3ゼミ合同の最終発表会は通常回と同様に2時間を予定していたが，講師や参加者から質問や感想が多く寄せられ，3時間近くに及ぶほど非常に充実した議論が展開された。毎回2時間×6～10回の長丁場であった上，最終発表会での探究成果報告が必須であったにもかかわらず，大半の参加者が最後まで継続することができた点は特筆すべきであろう。

　高校生探究ゼミは，新型コロナウイルス感染症の影響が最も大きかった令和2年度（2020年度）に開始され，当初より講座回数削減やオンライン転換などを迫られたため，都立大と都教委によって調整が繰り返された。本章で紹介した3つの共同推進事業の中で，最も新しい高校生探究ゼミが最も早くオンライン形式で実施され，そのノウハウは翌年度に先端研究フォーラムや理数研究ラボを再開する際に活用された。また令和4年度（2022年度）にはオンライン形式を基本としつつも，ガイダンス・最終発表会・野外実習などに対面形式を導入しており，ハイブリッド形式の試行としても3事業の先駆けとなった。高校新学習指導要領における総合的な探究の時間の必履修化を背景として，年々進歩し続けてきた都立大と都教委による高大連携事業において，このゼミは中核的な役割を果たすものになるであろう。

第7節　おわりに

　本章では，東京都立大学と東京都教育委員会による高大連携事業について，それぞれの事業全体における位置付けを明らかにした上，3つの取り組みについて具体的に説明した。第2～3節では，都立大と都教委のそれぞれが広範かつ多彩な高大連携事業を展開しながらも，両者の共同推進事業がその中で相互に重要な役割を果たしていることを確認した。さらに第4～6節では，先端研究フォーラム・理数研究ラボ・高校生探究ゼミの各取り組みの実績事例を紹介しつつ，新型コロナウイルス感染症やオリンピックへの対応策についても言及した。以上により，都立大と都教委の共同推進事業の過程と成果を整理すると共に，その意義と課題を明確にすることができたと思われる。

　都立大と都教委の相互協力により，双方とも単独では実現困難な高大連携事業を遂行し，多くの高校生に貴重な学習機会を提供できたことは，有意義なことであった。また新型コロナウイルス感染症の猛威が吹き荒れる中，一時中止や時期変更などの紆余曲折はありながらも，3つの取り組みを令和4年度（2022年度）まで維持できたことは特筆すべき点である。本章では紙幅の都合で触れなかったが，高大連携事業は都立大と東京都の連携構造の一部であり，実際の連携は生活・都市・環境・福祉・医療・産業・建設・水道など多岐にわたっている。それらの連携事業は，都市科学連携機構を通じて東京都庁の政策立案に活用されており，今後もさらなる連携強化が期待されている（首都大学東京，2018b）。

　一方，都立大と都教委の共同推進事業が抱える現状の課題としては，まず新型コロナウイルス感染症の影響によって対面形式での実施が困難な点が挙げられる。特に理数研究ラボの趣旨は研究室訪問にあるため，対面形式が非常に重要な意味を持っており，一日も早い新型コロナウイルス感染症の収束が待たれるところである。ただし都立大南大沢キャンパスは東京都西部に位置するため，都心在住の参加者を考慮すると，ハイブリッドを含むオンライン形式の維持も肝要であろう。近年は参加障壁が低いにもかかわらず，オンラインでの参加者数は伸び悩んでいるため，今後もさらなる講座拡充と協力教員確保に努めるとともに，都教委との協議を重ねることで，高校側のニー

ズを汲み取っていきたい。

　将来的に都立大の高大連携事業を発展させる方策としては，同じ東京都公立大学法人の東京都産業技術大学院大学や東京都産業技術高等専門学校との相互連携を強化することが挙げられる。これらの二大学一高専は本部の距離が相互に離れており，入学者層も大きく異なるため，高大連携事業に関して協力関係を結ぶには，都教委によるイニシアチブが不可欠である。また都立大は神奈川県教育委員会や東京私立中学高等学校協会，都教委は都内私立大学との協力関係が比較的手薄であるため，今後の課題となるであろう。これらのネットワークを拡大していけば，将来的に首都圏でも地方のような高大連携コンソーシアムを形成することが可能となるかもしれない。

文　献

京都大学（2014）．京都大学と東京都教育委員会との連携に関する協定を締結しました．　京都大学 Retrieved from https://www.kyoto-u.ac.jp/ja/news/2014-07-16（2023年1月10日）

尾木 義久（2014）．SGH校・大阪府教育委員会との高大連携と入試改革——国際化に重点を置く大学として——　大学時報，*63*（357），94-97.

大久保 貢・中切 正人・田中 幸治（2022）．高大接続・教育委員会と連携した地元高校生の人材育成「福井プレカレッジ」への支援と入学者確保——福井大学工学部の事例——　大学入試研究ジャーナル，*32*，17-22.

大野 真理子・磯 尚吾・河西 奈保子・溝口 侑（2023）．高大連携活動における大学教員と学生の役割に関する一考察——1回で完結する講演型の事例に着目して——　大学入試研究ジャーナル，*33*，147-154.

首都大学東京（2018a）．平成30年度・首都大学東京「理数研究ラボ」　東京都立大学 Retrieved from https://www.comp.sd.tmu.ac.jp/onolab/pdf/H30risuu_lab.pdf（2023年1月10日）

首都大学東京（2018b）．都市科学連携機構・東京都との連携　東京都立大学 Retrieved from https://www.tmu.ac.jp/extra/download.html?d=assets/files/download/news/2018_jigyou_gaiyou_p20-23.pdf（2023年1月10日）

首都大学東京（2019）．第3回・首都大学東京・都立高校生のための先端研究フォーラム　東京都立大学 Retrieved from https://www.tmu.ac.jp/extra/download.html?d=assets/files/download/event/20190711_sentan.pdf（2023年1月10日）

徳島県教育委員会学校政策課（2009）．徳島県内の大学と徳島県教育委員会との連携について　大学と学生，*72*，44-49.

東京大学先端科学技術研究センター（2019）．東大先端研と東京都教育委員会が協定書を締結　東京大学先端研ニュース Retrieved from https://www.rcast.u-tokyo.ac.jp/ja/news/report/page_01101.html（2023年1月10日）

東京都教育委員会（2018）．東京都教育委員会と首都大学東京との包括連携に関する協定の締結について　東京都教育委員会報道発表資料 Retrieved from https://www.kyoiku.metro.tokyo.lg.jp/press/press_release/2018/release20180914_02.html（2023年1月10日）

東京都教育委員会（2019a）．東京都教育委員会と東京農工大学との連携に関する協定の締結について　東京都教育委員会報道発表資料 Retrieved from https://www.kyoiku.metro.tokyo.lg.jp/press/press_release/2019/release20190226_02.html（2023年1月10日）

東京都教育委員会（2019b）．東京都教育委員会と東京学芸大学との連携に関する協定の締結について　東京都教育委員会報道発表資料 Retrieved from https://www.kyoiku.metro.tokyo.lg.jp/press/press_release/2019/release20190320_01.html（2023年1月10日）

東京都教育委員会（2019c）．東京都教育委員会と東京外国語大学との連携に関する協定の締結について　東京都教育委員会報道発表資料 Retrieved from https://www.kyoiku.metro.tokyo.lg.jp/press/press_release/2019/release20191018_02.html（2023年1月10日）

東京都教育委員会（2020a）．東京都教育委員会と国立大学法人電気通信大学との連携に関する協定の締結について　東京都教育委員会報道発表資料 Retrieved from https://www.kyoiku.metro.tokyo.lg.jp/press/press_release/2020/release20200327_01.html（2023年1月10日）

東京都教育委員会（2020b）．東京都教育委員会と産業能率大学との高大連携に関する協定の締結について　東京都教育委員会報道発表資料 Retrieved from https://www.kyoiku.metro.tokyo.lg.jp/press/press_release/2020/release20200330_01.html（2023年1月10日）

東京都教育委員会（2021）．東京都教育委員会と慶應義塾大学 SFC 研究所との教育ダッシュボード開発に伴う共同研究に関する協定の締結について　東京都教育委員会報道発表資料 Retrieved from https://www.kyoiku.metro.tokyo.lg.jp/press/press_release/2021/release20210301_01.html（2023年1月10日）

東京都立大学（2021a）．2021年度 TMU 高大連携ゼミ I「模型作りで体験する中国の建築と風土」開催のお知らせ　TMU 高大連携室のスタッフブログ Retrieved from http://koudaitmu.jp/blog-entry-284.html（2023年1月10日）

東京都立大学（2021b）．令和3年度7月開講東京都立大学高校生探究ゼミ　東京都立大学 Retrieved from https://secure01.blue.shared-server.net/www.pweb.jp/data/datamusakita/musakitajy2721.pdf（2023年1月10日）

東京都立大学（2022a）．大学説明会（オープンキャンパス）　東京都立大学入試案内 Retrieved from https://www.tmu.ac.jp/entrance/faculty/open_campus/main.html（2023年1月10日）

東京都立大学（2022b）．高校の先生方へ　東京都立大学高大連携室 Retrieved from https://www.comp.tmu.ac.jp/koudairenkei/for_hs_teachers.html（2023年1月10日）

東京都立大学（2022c）．高校生向け講座紹介ページ　東京都立大学オープンユニバーシティ Retrieved from https://www.ou.tmu.ac.jp/web/menu/forhighschoolstudent/（2023年1月10日）

第 **3** 部

ケーススタディとしての
「情報」

第9章

新学習指導要領の下での大学入試
——高校調査から見えてきた課題——[1]

倉元　直樹・宮本　友弘・久保　沙織・長濱　裕幸

第1節　問　題

1．新学習指導要領の下での入試

　平成30年（2018年）公示，令和4年度（2022年度）から学年進行で実施の学習指導要領（以下，新学習指導要領と表記する）の下で学んだ高校生が初めて大学入学者選抜に臨むのは令和7年度（2025年度）入試となる。

　大学入学者選抜実施要項にいわゆる「2年前予告」の規定があることから，各大学では令和4年度（2022年度）末となる令和5年（2023年）3月を目途として新学習指導要領の下での入学者選抜に関する予告を策定していくことになる。このような状況を背景に，本稿では東北大学入試センターが実施した令和3年度（2021年度）実施の高校調査から見出された課題について検討する。

2．大学入学共通テスト「情報」の新設

　大学入試センターでは，令和3年（2021年）3月に新学習指導要領の下での大学入学共通テスト（以下，共通テストと表記する）の出題科目を発表している（大学入試センター，2021）。「地理歴史」，「公民」で「探究」を含む科目のほか，『地理総合，歴史総合，公共』といった教科をまたがる総合科目が出題されたり，「数学」で『数学Ⅱ，数学B，数学C』と「数学C」を含む科目が設定されるなどの変化があったが，最も注目される変化は2単位科目「情報Ⅰ」を出題範囲とする教科「情報」が新設されたことであろう。

1　本稿は，巻末「初出一覧」のとおり，倉元・宮本・久保・長濱（2023）を再録したものである。ただし，本書の編集方針のもと，要旨は削除し，一部の表現について加筆修正を加えた。

　国立大学協会（以下，国大協と表記する）は令和４年（2022年）１月に公表した「基本方針」の中で，「情報」を含む６教科８科目を課すことを表明した（国立大学協会，2022）。本研究は主として新教科「情報」を巡る高校側の意見に焦点を当てて検討したものである。

３．令和７年度入試に向けた高校調査

　東北大学入試センターは，平成29年度（2017年度）から東北大学の入試をめぐる特定の課題に関する高校調査を行ってきた。初年度は高大接続改革への対応（倉元・長濱，2018; 倉元・宮本，2018; 倉元・宮本・泉，2018; 倉元・宮本・長濱，2019），２回目は前回調査を参考に決定された「予告」等への意見（倉元・宮本・長濱，2020），３回目は東京オリンピック開催（中止）に伴うオープンキャンパスの日程変更，４回目はCOVID-19への対応がテーマであった（倉元・宮本・長濱，2022）[2]。

　本稿は一連の調査の第５回目に該当する。

第２節　方　法

１．調査対象

　例年の調査に準じ，全国の高等学校，中等教育学校及び高等専門学校5,981校のうち，東北大学に志願者，合格者を多数輩出する高等学校等330校を調査対象とした。選定基準は以下の通りである。いずれも前回までの調査基準を踏襲し，今回の調査に合わせて調整したものである。一部に入れ替わりはあるものの，大半の調査対象校は例年同一である[1]。

　⑴　平成26年度（2014年度）～令和３年度（2021年度）入試において通算
　　　合格者数12名以上の高等学校／中等教育学校（該当316校）

　⑵　平成26年度（2014年度）～令和３年度（2021年度）入試において通算

2　突然発生した，COVID-19環境下での大学入試実施可能性を調査した。本文中の引用文献は最終結果に関する公刊論文であるが，令和２年（2020年）９月に実施された「第32回東北大学高等教育フォーラム」では，目前に控えたＡＯ入試Ⅱ期の募集期間に向けて実施方針を示すタイミングで中間集計に基づく講演がなされた。その内容は，本シリーズ第６巻第３章「コロナ禍に対峙する『大学入試学』」（倉元，2022）にまとめられている。

合格者数11名の高等学校／中等教育学校のうち，ＡＯ入試Ⅱ期・Ⅲ期の
いずれかに合格実績がある，ないしは，双方に出願実績がある学校（該
当14校）

２．調査方法

例年同様，質問紙調査とした。調査票はＡ４判両面１枚で，東北大学の入
試に対する認知及び関心に関わる質問が２項目，「情報」に関わる項目６項
目（うち自由記述２項目），新学習指導要領の下での入試に関わる自由記述
６項目，その他（本稿における分析対象外）２項目である。

実施方法は基本的に前回調査と同様である。郵送で調査票を送付し，回答
用特設ウェブサイトにＱＲコード等を通じてアクセスしての回答を標準とし
た。その他，電子メール，ＦＡＸ及び郵送による回答も可とした。調査票は
Microsoft Word 版と一太郎版を用意し，ウェブサイトからダウンロードして
入力することも可能とした。

令和３年（2021年）９月16日に調査票が送付された。二度の督促を経て最
後の回答は令和３年（2021年）12月29日に受け付けられたものである。

３．集計方法

例年の調査と同様，本調査の目的に鑑み，単純集計の他に調査目的に応じ
て通算，ＡＯ入試Ⅱ期またはⅢ期の志願者数，合格者数を重みとして用いた。

第３節　結　果

１．カバー率

調査設計段階でのカバー率を表９−１に示す。調査対象校として選定され
た学校は全国の高等学校等のうち5.5% に過ぎないが，志願者数や合格者数
を基準にすると，全ての基準において８割以上が含まれている。

２．回答校のプロフィール

270校からの回答が得られた。返送率は単純集計で81.8% に達した（表

表9-1．調査規模，返送率，カバー率

	調査票送付校	対象数	調査設計カバー率	返送率	実質カバー率
単純集計	330	5,981	5.5%	81.8%	4.5%
全志願者	51,254	62,496	82.0%	88.6%	72.7%
全合格者	17,237	20,213	85.3%	89.1%	76.0%
AOⅡ志願者	4,909	6,133	80.0%	90.5%	72.4%
AOⅡ合格者	1,493	1,764	84.6%	90.9%	76.9%
AOⅢ志願者	5,938	6,962	85.3%	89.3%	76.2%
AOⅢ合格者	2,223	2,473	89.9%	90.8%	81.6%

表9-2．東北大学の入試に関する知識

	1. よく知っている	2. ある程度知っている	3. あまり知らない	4. ほとんど知らない
単純集計	124 (45.9%)	130 (48.1%)	14 (5.2%)	1 (0.4%)
全志願者重み	27,659 (60.9%)	16,731 (36.8%)	771 (1.7%)	63 (0.1%)
全合格者重み	9,441 (61.4%)	5,615 (36.5%)	245 (1.6%)	26 (0.2%)
AOⅡ期志願者重み	3,389 (76.3%)	1,026 (23.1%)	27 (0.6%)	0 (0.0%)
AOⅡ期合格者重み	1,063 (77.8%)	297 (21.7%)	7 (0.5%)	0 (0.0%)
AOⅢ期志願者重み	3,450 (65.1%)	1,792 (33.8%)	43 (0.8%)	4 (0.1%)
AOⅢ期合格者重み	1,394 (69.1%)	609 (30.2%)	13 (0.6%)	1 (0.0%)

*：割合の算出には無回答も含むので，合計は100％に満たない

9-1参照）。設計段階のカバー率に返送率を乗じた実質カバー率は各志願者数，合格者数重みで72.4〜81.6％に達している。本学に志願者を輩出する高校の代表的な意見と言える。

　次に，東北大学の入試に関する知識と関心について4段階評定で質問した結果を表9-2，表9-3に示す。「知識」は「1. よく知っている」〜「4. ほとんど知らない」，「関心」は「令和7年度から始まる新学習指導要領の下での東北大学の入試」に対して「1. 強い関心がある」〜「4. 全く関心がない」

表 9 - 3． 令和 7 年度（2025年度）からの東北大学の入試への関心

	1. 強い 関心がある	2. ある程度 関心がある	3. あまり 関心がない	4. 全く 関心がない
単純集計	179（66.3%）	87（32.2%）	3（1.1%）	0（0.0%）
全志願者重み	36,793（81.0%）	8,259（18.2%）	172（0.4%）	0（0.0%）
全合格者重み	12,636（82.2%）	2,635（17.1%）	56（0.4%）	0（0.0%）
AOⅡ期志願者重み	4,075（91.7%）	364（8.2%）	3（0.1%）	0（0.0%）
AOⅡ期合格者重み	1,247（91.9%）	109（8.0%）	1（0.1%）	0（0.0%）
AOⅢ期志願者重み	4,541（85.6%）	743（14.0%）	5（0.1%）	0（0.0%）
AOⅢ期合格者重み	1,819（90.1%）	197（9.8%）	1（0.0%）	0（0.0%）

＊：割合の算出には無回答も含むので，合計は100％に満たない

という選択肢である。単純集計で「1」または「2」を選択した回答がそれぞれ94.0%，98.5%とほとんどを占め，重みづけ集計ではその程度がさらに高い。回答者のほとんどは十分な知識と関心の下，以下の回答を寄せたと言える。

3. 共通テスト「情報」について

3.1. 「情報」に関する知識

　共通テスト「情報」については，「1. よく知っている」〜「4. ほとんど知らない」の4段階評定で回答を求めた。表9-4に示すように，「1. よく知っている」が4割強，「2. ある程度知っている」が5割ほどで，この2つの選択肢の回答でほとんどを占めた。

3.2. 国大協の方針に対する意見

　全国立大学の入試に大学入学共通テストの「情報」を課すとの国大協方針が示された場合の見解について尋ねた結果を表9-5に示す。調査時点で方針は公表されていなかった。「1. 強く賛成」は単純集計で約3%，重みづけ集計では2%を切った。「2. やや賛成」を加えても5〜10%程度，逆に「5. 強く反対」は単純集計で4割弱，重みづけでは，5割弱に達する。「4. やや

表９-４．共通テスト「情報」に関する知識

	1. よく 知っている	2. ある程度 知っている	3. あまり 知らない	4. ほとんど 知らない
単純集計	112 (41.5%)	147 (54.4%)	10 (3.7%)	1 (0.4%)
全志願者重み	19,929 (43.9%)	22,371 (49.3%)	3,074 (6.8%)	48 (0.1%)
全合格者重み	6,656 (43.3%)	7,706 (50.1%)	985 (6.4%)	19 (0.1%)
AOⅡ期志願者重み	2,018 (45.4%)	2,226 (50.1%)	193 (4.3%)	6 (0.1%)
AOⅡ期志願者重み	590 (43.5%)	692 (51.0%)	73 (5.4%)	2 (0.1%)
AOⅢ期志願者重み	2,250 (42.4%)	2,698 (50.9%)	350 (6.6%)	5 (0.1%)
AOⅢ期合格者重み	826 (40.9%)	1,052 (52.1%)	140 (6.9%)	0 (0.0%)

表９-５．全国立大学に「情報」を課す案への賛否

	1. 強く賛成	2. やや賛成	3. どちらとも 言えない	4. やや反対	5. 強く反対
単純集計	8 (3.0%)	18 (6.7%)	70 (25.9%)	73 (27.0%)	101 (37.4%)
全志願者重み	693 (1.5%)	2,264 (5.0%)	8,632 (19.0%)	12,705 (28.0%)	21,028 (46.4%)
全合格者重み	256 (1.7%)	817 (5.3%)	2,898 (18.9%)	4,304 (28.0%)	7,091 (46.1%)
AOⅡ期 志願者重み	29 (0.7%)	196 (4.4%)	793 (17.8%)	1,427 (32.1%)	1,998 (45.0%)
AOⅡ期 合格者重み	14 (1.0%)	55 (4.1%)	214 (15.8%)	441 (32.5%)	633 (46.6%)
AOⅢ期 志願者重み	54 (1.0%)	269 (5.1%)	962 (18.1%)	1,498 (28.2%)	2,520 (47.5%)
AOⅢ期 合格者重み	17 (0.8%)	99 (4.9%)	340 (16.8%)	566 (28.0%)	996 (49.4%)

反対」を加えると７〜８割程度が「反対」を表明した。東北大学に志願者，合格者を多数送ってきた高校の方が反対の比率が高かった。

　令和７年度（2025年度）入試からの東北大学の入試に対する関心とのクロス集計結果（単純集計）は表９-６に示す通りである。なお，「関心」につい

ては「2. ある程度関心がある」～「4. 全く関心がない」は1つにまとめ，「1. 強い関心」と2分割とした。％表示は行の合計に対する比率である。カイ2乗検定の結果，統計的に有意な関連性（$x^2[4] = 23.2$, $p < .001$）が見られ，残差分析の結果，「1. 強い関心」を持つ層が「5. 強く反対」が多かった（$\delta = 4.48$）のに対し，「2. ある程度以下」は「3. どちらとも言えない」が多かった（$\delta = 3.53$）。

　情報に関する知識とのクロス集計結果は表9-7に示す通りである。なお，「知識」については「2. ある程度知っている」～「4. ほとんど知らない」は1つにまとめ，「1. よく知っている」との2分割とした。％表示は行の合計に対する比率である。カイ2乗検定の結果，統計的に有意な関連性（$x^2[4] = 16.2$, $p < .01$）が見られ，残差分析の結果，「1. 良く知っている」層に「5. 強く反対」が多かった（$\delta = 2.32$）のに対し，「2. ある程度以下」は「4. やや反対」が多かった（$\delta = 2.58$）。なお，ごく少数（$n = 7$）ではあるが，「1. 良く知っている」層が「1. 強く賛成」という傾向も見られた（$\delta = 2.68$）。

3.3. 東北大学の入試における「情報」の取扱い

　東北大学の一般選抜での「情報」の取扱いに関する意見を尋ねた結果を表9-8に示す。単純集計では「1. 重視すべき」が5％弱，「2. どちらとも言えない」が約30％，「3. 重視すべきでない」が6割を超えた。一般選抜の志願者数，合格者数の重みづけ集計では「3. 重視すべきでない」が10ポイント程度高くなった。

　同様にAO入試Ⅲ期における「情報」の取扱いに関する意見について尋ねた結果を表9-9に示す。一般選抜とほぼ同様だが，「3. 重視すべきでない」の比率は一般選抜と比べて10ポイント程度低くなっている。

表9-6．　東北大の入試への関心と国大協案

	1. 強く賛成	2. やや賛成	3. どちらとも言えない	4. やや反対	5. 強く反対
1. 強い関心がある	5（2.8%）	10（5.6%）	34（19.0%）	46（25.7%）	84（46.9%）
2. ある程度関心があるないしは，それ以下	3（3.3%）	8（8.9%）	35（38.9%）	27（30.0%）	17（18.9%）

表9-7.　情報に関する知識と国大協案

	1. 強く賛成	2. やや賛成	3. どちらとも言えない	4. やや反対	5. 強く反対
1. よく知っている	7 (6.3%)	8 (7.1%)	25 (22.3%)	21 (18.8%)	51 (45.5%)
2. ある程度知っているないしは，それ以下	1 (0.6%)	10 (6.3%)	45 (28.5%)	52 (32.9%)	50 (31.7%)

表9-8.　東北大学一般選抜における「情報」の取扱い

	1. 重視すべき	2. どちらとも言えない	3. 重視すべきでない	4. その他
単純集計	13 (4.8%)	81 (30.0%)	172 (63.7%)	4 (1.5%)
全志願者重み	1,629 (3.6%)	10,040 (22.1%)	33,432 (73.6%)	321 (0.7%)
全合格者重み	501 (3.3%)	3,419 (22.3%)	11,358 (73.9%)	88 (0.6%)

表9-9.　東北大学AOⅢ期における「情報」の取扱い

	1. 重視すべき	2. どちらとも言えない	3. 重視すべきでない	4. その他
単純集計	13 (4.8%)	93 (34.4%)	156 (57.8%)	8 (3.0%)
AOⅢ期志願者重み	89 (1.7%)	1,404 (26.5%)	3,694 (69.7%)	116 (2.2%)
AOⅢ期合格者重み	29 (1.4%)	512 (25.4%)	1,447 (71.7%)	30 (1.5%)

表9-10.　情報に関する知識と東北大学一般選抜における「情報」の取扱い

	1. 重視すべき	2. どちらとも言えない	3. 重視すべきでない	4. その他
1. よく知っている	10 (9.1%)	30 (27.3%)	70 (63.6%)	8 (3.0%)
2. ある程度知っているないしは，それ以下	3 (1.9%)	51 (32.7%)	102 (65.3%)	116 (2.2%)

　情報に関する知識と一般選抜における「情報」の取扱いのクロス集計結果を表9-10に示す。「4. その他」は欠損値として扱った。カイ2乗検定の結果，統計的に有意な関連性（$x^2[2] = 7.4$, $p < .05$）が見られ，残差分析の結

果，「1. よく知っている」層に「1. 重視すべき」という意見が多かった（$\delta = 2.67$）。ＡＯ入試Ⅲ期については統計的に有意な傾向は見出されなかった。

　一般選抜に対する利用について，自由記述に基づき回答の理由を分析した結果は以下のとおりである。

　「1. 重視すべき」のうち，1件は国大協の方針に反対で，内容からもチェックミスと考えられる。13件中10件は国大協の方針にも賛成だが，理由は「情報が重要」，「重視することの影響力」の2点に集約される。

　「2. どちらとも言えない」とした回答では，「判断材料が不足」，「大学側が判断すべき，アドミッション・ポリシーによる」，「大学が足並みを揃えるならば構わない」といった理由以外は，主に「3. 重視すべきでない」と判断した理由と通じるものが多かった。

　一方，「3. 重視すべきでない」理由は多岐にわたる。

　まず，教える側の「教員不足」，「教員の負担」が挙げられる。「準備期間不足」，「時期尚早」を指摘した意見も多かった。また，教員配置の不均一による「公平性の問題」，「格差を拡大する」との意見，受験する側の視点に立った「生徒の負担」，「情報を課すなら何かを削るべき」，「時間不足，カリキュラムの過密」との意見も多かった。「既卒生に不利」という意見もあった。

　「情報」自体に対して「学問ではない」，「大学入学に必要なのか？」，「知識，スキル，リテラシーに過ぎない」，「内容の変化が激しく入試に不向き」，「中学までの積み上げがない」，「暗記科目である」，「実技教科である」，「基礎学力ではない」といった指摘が多かった。さらに，入試科目となったことで「従来の探究的な情報教育を諦めて入試対応の内容にする」というものがあった。

　入試科目としては「2単位科目で他科目と整合性が取れるのか？」，「試験問題の検討が不十分」，「出題内容に変化が望めない」，「適度な難易度の作題を続けるのは困難」，「すぐに陳腐化するスキルは入試に不適」，「選抜に適さない」，「情報の知識は今日的に必要だが，試験で問う必要性がない」，「信頼性が不明」，「何を測るのか分からない」，「受験産業の影響が大きく反映する可能性」，「ペーパーテストで問えるのか？」，「思考力，判断力を付ける教育

の時間を奪う」,「受験科目を増やして身に着けさせようという発想が疑問」,「大学入学後でもよいのでは？」等々の疑問が寄せられた。大学教育との関係では「研究の基礎としては不十分」,「受験生全員に必要なのか？ 必要な者が学べばよい」,「大学教育のニーズが見えない」,「現行の入試システムで問題ない,変えるべきではない」,「国公立離れを招く」との意見が見られた。

「東北大学」を意識した意見としては,「難関大で必要な学力ではない」,「従来の学問体系を重視してほしい」,「思考力・探究心・向上心等に富んだ学生なら入試に課されなくとも対応できる」,「趣味の強い生徒が有利になる」,「負担増で志望者が減る」との意見があった。

また,導入のプロセスに関して「政治や経済主導で,十分な議論がない」,「導入の経緯に英語民間試験等と同様の粗さを感じる」との指摘も見られた。

ＡＯ入試Ⅲ期にもほぼ同様の理由が挙げられていた。

3.4.「情報」を課すことの利点

東北大学の一般選抜で情報を「1. 重視すべき」とした回答では,「情報のスキル」,「幅広い学力・教養」の育成,高い資質を持った学生が入学する点で利点があるという指摘などが見られた。

「3. 重視すべきでない」と回答した場合にも同様の意見が散見された。その他,高校における「情報の学習」,「学習一般」等への影響,大学入学後の教育としては,「情報教育」,「情報系の専門」で利点がある,さらには,情報の重要性に関する「他大学への影響」,「社会的メッセージの発信」といった主旨の意見があった。一方,「利点は何もない」,「思いつかない」との意見が多数見られた。「2. どちらとも言えない」では,類似の意見のほか,「高校における情報教育の環境整備が進む」,「文部科学省,国の政策に貢献」との意見があった。

3.5.「情報」を課すことの問題点

利点と比べて問題点に関する指摘は多岐にわたった。内容は「東北大学の入試における『情報』の取扱い」についての理由と重なる点も多い。

東北大学の一般選抜で情報を「1. 重視すべき」とした回答では「高校の体制が整っていない」,「生徒の負担増」が挙げられていた。

「3. 重視すべきでない」とした回答では「説明不足」、「入試科目にする意義が理解できない」、「高校教育がますます大学入試に紐づけされる」、「課す目的が不明確」、「高度情報人材の育成には意味がない」との意見が見られた。高校現場の体制が整っていないことから、「高校現場が混乱する」、「高校側で情報の扱いを議論できないまま入試を迎える」、「専門外の教員による指導の悪影響が懸念」といった回答も目立った。さらに、「『情報』の教育の指導に悪影響」、「探究型学習を勧めておきながら、点を取るための指導を導く。従来の探究活動ができなくなる」、「ICTは日々進化しており、高校生が受験勉強するには荷が重い」等、高校における教科「情報」の指導にかえって悪影響が及ぶという意見が見られた。

　教員配置が整っていないことから、公平性に対する懸念も多かった。「都道府県による指導者の格差」、「公平性が保たれない」、「地方に不利」、「過年度生への対応が困難」、「教育格差が拡大」といった意見が多数であった。「情報」の受験に対して「対策に時間を割かれる」、「水準が分からず、対策できない」といった意見も見られた。他の教科の学習や高校生活全般への影響として、「記述力をつけたいのに時間が足りない」、「他教科の学力が低下する」、「行事、部活動、探究学習等が圧迫され、高校生活が破綻する」といった意見も目立った。

　共通テストの教科「情報」について「学力の測定に合わない」、「直感的に解答できる」、「マーク式に合わない」、「本来、求める資質とは別の努力」、「他科目と整合性に問題」といった問題が提起され、その結果、「情報」を課す大学への進学に関する影響として「点が取りやすくミスが致命的なため、優秀な生徒が回避する」、「地方の高校からの進学者が減少する」、「文系受験者が減少する」、「首都圏私大へ志望変更する生徒が増える」等の懸念が出された。東北大学を意識した回答としては、「東北大の入試、アドミッション・ポリシー、教育内容にそぐわない」、「入試に課さなくとも入学後の教育で十分賄える」、「学力重視にマイナス」、「学力が不十分な者が選抜される可能性」、「東北大で必要なのか検討して公表すべき」、「全国区の大学なので教育格差に配慮すべき」、「他大学に悪影響が及ぶ」との意見があった。一方、「全然使わないのも問題」という意見も1件あった。

　「2. どちらとも言えない」とした回答では、上記と同様の意見のほか、

「どのような出題となるのか分からず，何とも言えない」，「時期尚早」，「高校のカリキュラム編成が間に合っていない」との意見があった。

4．新学習指導要領への対応に関する一般的要望

一般的な要望事項の自由記述に関して報告する。

270件の回答のうち，半数弱が無記入か「特になし」であった。実質的な回答のうち，従来の仕組みを高く評価して「大きく変えないでほしい」という意見が最多であった。入試問題全般に関しては，「基礎・基本」，「知識・技能」，「思考力・判断力・表現力」を測定するような出題が望まれている。予告の公表時期については全て早期の公表を求めるものであった。「情報」について言及した記述も多かったが，ほとんどが慎重な検討を求めるもので，方針の早期発表を求める意見も多かった。高校側に丁寧な説明を求める意見もあった。

その他のテーマでは，評価に関わる意見として，観点別評価や調査書の評価に関わる意見や質問と，配点バランスについての意見が見られた。入試区分ごとの募集人員については，一般選抜枠の維持，拡大，特に後期日程実施学部の拡大を求める意見が見られた。

個別学力検査に関しては「数学」に関する意見が多く，ほとんどが文系の出題範囲に関わるものであった。「地理歴史・公民」についてはほとんどが共通テストの科目指定に関してのものであった。また，諸問題に関して十分な研究，検討を期待する意見も寄せられた。

◆◇◆
第4節　考　察

新学習指導要領の下での大学入試の課題は様々あるが，高校側の中心的な関心は「情報」をめぐる問題にあることが確認された。東北大学では「東北大学 AIMD リテラシー教育プログラム[3]」に基づき情報教育を重視している（東北大学，2022, p.73）。今後もさらに充実していく方針である。その前提

3　AIMD は，「AI・数理・データ科学（AI, Math & Data Science）」のことである。

で，共通テストの「情報」をどのように扱うべきかが課題と言える。

　論点は 3 点存在する。情報教育の重要性をどのように高校に伝えるか，高校で行われている情報教育が大学での情報教育の基礎となり得るか，新教科「情報」が大学入学者選抜にふさわしいか，である。これらは相互に関連するが，まずは個別に検討すべきだろう。

　共通テストに「情報」が採用され，国大協が基本方針に組み入れたことで情報教育の重要性は十分に伝わった。しかし，それは大きな副作用の伴うものでもある。高校のカリキュラムはすでに飽和している。新たに情報教育を充実させるには，教育基盤を整備すると同時に何かを手放す必要がある。強引に情報教育の拡充を進めると従来の取組みが破綻する。かえって情報教育に対する強い忌避感情を呼び起こしかねない。高校側の取捨選択には，各大学が課す入試科目と配点の状況が大きく左右する。大学入試の高校教育への影響力を考えるならば，この点への配慮は必須である。

　次の論点は大学における情報教育の目的である。高等学校に教科「情報」が設けられた目的は，情報領域における最先端の研究者や技術者の養成というよりも，情報に関する基礎的な理解の広範な普及が目的と言えるだろう。一方，大学における情報教育も高校と同様に広範な普及を目指すのか，それとも先端を行く研究者や技術者を養成するためなのか，明確化する必要がある。後者の場合，高校の「情報 I」が大学教育の基礎として必須なのか，丁寧な説明が求められるだろう。

　共通 1 次以来，共通テストでは小中学校からの積み上げを前提に，多くの受験者が選択する科目においては，入試問題として出題可能な豊富な内容を含む「主要 5 教科」から出題科目が構成されてきた。大学で必要とする資質・能力を適切に測る問題を毎年作成し続けられる潤沢な学習内容が含まれることが，入試科目を構成する必要条件となっているからである。したがって，高等学校で初めて教科として登場する「情報」の 2 単位科目「情報 I」を基にした出題は大きなチャレンジと言える。学習指導要領で定められた「情報 I」の内容を出題範囲として，毎年，受験者の学習成果としての「『情報 I』の学力」を適切に測定可能な新たな試験問題を作り続けられる条件が整っているだろうか。その点について，受験生や指導を行う高校側が十分に納得して受け入れられる状況が整わない限り，「情報 I」は本来の学力とは

異なる受験テクニックで対応可能な科目とみなされてしまう。結果的に「情報重視の入試＝情報教育重視の大学」とは認識されなくなってしまうだろう。例えば，先端的な情報教育を推進してきた高校において，「情報」が入試科目となったことが原因で従来の実践を諦めてしまった事例は，本来の目的とは逆の悪影響がもたらされた証拠と看做されてしまうのではないだろうか。「情報Ⅰ」の共通テストへの導入が，高校と大学における先進的な情報教育の実践に対して足かせとなるのでは元も子もない。大学入試の意味と役割を改めて考えるための大切な教訓とすべき事例と思われる。

　多くの矛盾と不透明さを抱えた現状において，高校の実情に耳を傾けながら，適切かつ迅速に令和7年度（2025年度）入試の予告を決定して公表するのは実現困難なミッションとなった。現実的な解決策を見出すには，具体的な方針を定めるまでにしばらく試行錯誤の期間が必要となるだろう。

　なお，本調査は東北大学に志願者，合格者を多数輩出する高校を対象としている。したがって，調査結果にある程度の偏りがある可能性は否めない。しかし，一定の制約があるにせよ，2年前予告に該当しない事項も含む各個別大学の意思決定において，1つの参考事例として活用されることを期待したい。

注

1）本調査の実施までの倫理審査関連手続きは倉元他（2019）に準ずる。東北大学における全学学部入試関係の会議（非公表）の審議の資料を収集するための調査と位置付けられている。実施主体の上位組織における研究倫理規定である「東北大学高度教養教育・学生支援機構における人間を対象とする研究の倫理審査に関する申し合わせ（東北大学高度教養教育・学生支援機構，2014）」における研究倫理審査委員会の審査対象外である。

付　記

本研究はJSPS科研費JP20K20421の助成による研究成果の一環である。

文　献

大学入試センター（2021）．平成30年告示高等学校学習指導要領に対応した令和7年度大学入学共通テストからの出題教科・科目について　大学入試センター　Retrieved from https://www.dnc.ac.jp/kyotsu/shiken_jouhou/r7ikou.html（2022年3月29日）

国立大学協会（2022）．2024年度以降の国立大学の入学者選抜制度―― 国立大学協会の基本方針―― 国立大学協会 Retrieved from https://www.janu.jp/wp/wp-content/uploads/2022/01/20210128_news_001.pdf（2022年 3 月29日）

倉元 直樹（2022）．コロナ禍に対峙する「大学入試学」 倉元 直樹（監修）東北大学大学入試研究シリーズ第 6 巻 倉元 直樹・宮本 友弘（編） コロナ禍に挑む大学入試（ 1 ）緊急対応編（pp.19-32）金子書房

倉元 直樹・宮本 友弘（2018）．大学入試における英語認定試験の利用に対する高校側の意見――主として賛否の根拠をめぐって―― 日本教育心理学会第60回総会発表論文集，270．

倉元 直樹・宮本 友弘・泉 毅（2018）．大学入学共通テスト記述式問題の利用に対する高校側の意見 日本心理学会第82回大会発表論文集，937．

倉元 直樹・宮本 友弘・長濱 裕幸（2019）．高大接続改革への対応に関する高校側の意見――東北大学の AO 入試を事例として―― 日本テスト学会誌，*15*，99-119．

倉元 直樹・宮本 友弘・長濱 裕幸（2020）．高大接続改革に対する高校側の意見とその変化――受験生保護の大原則の視点から―― 日本テスト学会誌，*16*，87-108．

倉元 直樹・宮本 友弘・長濱 裕幸（2022）．COVID-19蔓延下における個別大学の入試に関する高校側の意見 大学入試研究ジャーナル，*32*，1-8．

倉元 直樹・長濱 裕幸（2018）．高大接続改革への対応に関する高校側の意見――自己採点利用方式による第 1 次選考，認定試験及び新共通テスト記述式問題の活用―― 全国大学入学者選抜研究連絡協議会第13回大会研究発表予稿集，78-83．

東北大学（2022）．東北大学統合報告書2021 東北大学 Retrieved from https://www.bureau.tohoku.ac.jp/kohyo/kicho/integrated_report_2021_A3.pdf（2023年 2 月10日）

東北大学高度教養教育・学生支援機構（2014）．東北大学高度教養教育・学生支援機構における人間を対象とする研究の倫理審査に関する申し合わせ 2014年 9 月 東北大学 Retrieved from http://www.ihe.tohoku.ac.jp/cahe/wp-content/uploads/2011/04/91ba049642718499c6a1a395d0a50ce7.pdf（2021年 4 月 4 日）

第 **10** 章

教科「情報」と大学入試

稲葉　利江子

第 1 節　はじめに

　我が国において，IT 人材の創出について注目されはじめたのが，平成25年（2013年）6 月に閣議決定した「世界最先端 IT 国家創造宣言」（高度情報通信ネットワーク社会推進戦略本部, 2013）である。この宣言において，政府は「日本の IT 社会をリードし，世界にも通用する IT 人材の創出」を掲げている。本文中には具体的に，「初等・中等教育段階でのプログラミング，情報セキュリティなどの IT 教育を充実させ，高等教育段階では産業界と教育現場との連携の強化を推進し，継続性を持って IT 人材を育成していく環境の整備と提供に取り組むとともに，IoT，データサイエンスなど，世界最先端の技術や知識の習得を常に積極的に支援する学習環境を整備する」などの記載がある。つまり，世界にも通用する IT 人材の育成を，初等・中等教育，高等教育においても政策として系統的に取り組むことが宣言されたといえる。

　この背景には，現在，ビッグデータの解析や人工知能などの技術の発展をベースとして，データ駆動型のサービス基盤の構築と急速な普及が社会的な課題とされていることなどがある。さらに，目指すべき未来社会として政府が Society5.0 を掲げている。Society5.0 とは，IoT（Internet of Things）で全ての人とモノがつながり，様々な知識や情報が共有され，さらにそこから新たな価値を生み出していくことにより，社会にある課題を解決することを実現する社会を指す。つまり，人工知能により必要な情報が必要なときに提供され，人工知能を活用したロボットや自動走行車などにより，少子高齢化や地方の過疎化など社会にある課題の克服を目指し，人々の生活に様々な利便性をも

たらす社会である（内閣府, n.d.）。このような社会の実現には，あらゆる分野において，情報科学や数理科学などを使いこなせる人材が必要となる。しかし，経済産業省の「IT人材需給に関する調査」（みずほ情報総研株式会社, 2019）によると，令和12年（2030年）までに45万人が不足するという試算がなされている。

　これを受け，平成29年（2017年）告示の小・中学校学習指導要領では，重視する内容として「プログラミング教育」や「理数教育」を挙げており，令和2年度（2020年度）から小学校ではプログラミング教育が導入されることとなった。さらに，統合イノベーション戦略推進会議での決定「AI戦略2019」においては，「全ての高等学校卒業生（約100万人卒／年）が，データサイエンス・AIの基礎となる理数素養や基礎的情報知識を習得」することを具体目標として掲げており（統合イノベーション戦略推進会議決定, 2019），データサイエンス・AIの考え方を踏まえた指導方法の改善や充実が求められている。同様に高等学校では，情報知識の習得の取組みとして，令和4年度（2022年度）から「情報Ⅰ」が必履修となっている。

　このような社会の変化の中，大学入試センターは，令和3年（2021年）3月24日に公表した令和7年度（2025年度）から実施する大学入学共通テストの教科・科目の再編案において，「情報」を新たに導入し，国語や数学などと並ぶ基礎教科とする方針を示した（大学入試センター, 2021a）。

　以上のような背景を踏まえ，本稿では，教科「情報」を大学入試に導入する（以下，情報入試とよぶ）意義を考えることを目的に，教科「情報」の変遷と，令和7年度（2025年度）以降の大学入学共通テストにおける「情報」の導入の動向についてまとめる。

◆◇◆
第2節　高等学校における教科「情報」

　高等学校に，普通教科「情報」が設置されたのが平成15年度（2003年度）である。設置されてから現在まで，どのように教科「情報」の学習内容が変化してきたのだろうか。図10-1にその学習内容の変遷を示す。

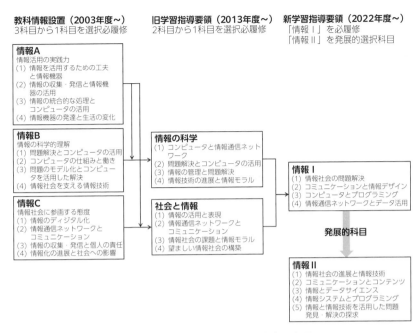

図10-1. 教科「情報」の学習内容の変遷

　平成15年度（2003年度）に設置された教科「情報」は，「情報A」，「情報B」，「情報C」の3科目から1科目（2単位）を選択する選択必履修であった。「情報A」では情報活用の実践力を，「情報B」では情報の科学的理解を，「情報C」では情報社会に参画する態度を重視する内容になっていた。

　次の平成25年度（2013年度）からの学習指導要領では，「情報の科学」，「社会と情報」の2科目から1科目（2単位）を選択する選択必履修となった。2科目で共通する内容としては，情報通信ネットワーク，情報社会，問題解決，情報モラル，情報セキュリティが挙げられるが，それらに加え，「情報の科学」ではコンピュータの活用や情報の管理，「社会と情報」では情報の表現やコミュニケーションに関する内容が含まれている。平成27年度（2015年度）の教科用図書の需要数によると，2科目の履修率は，「社会と情報」が約8割，「情報の科学」が約2割であった。

　このように，平成15年度（2003年度）から設置された教科「情報」は，令和3年度（2021年度）まで複数科目からの選択必履修となっていたため，選

択した科目により学ぶ内容も異なっていた。特に，プログラミングが含まれる科目は，「情報B」，「情報の科学」に限られていたため，学ぶ機会がない生徒もいたこととなる。教育再生実行会議第七次提言（教育再生実行会議，2015）や先に示した世界最先端IT国家創造宣言などの政府方針において，プログラミングや情報セキュリティなど，情報の科学的な理解の重要性が指摘されているにもかかわらず，教育現場との間にギャップがあったことがこれらの状況からもわかる。

　令和4年度（2022年度）から実施されている学習指導要領では，「情報Ⅰ」（2単位）を必履修科目とした上で，その発展的内容の「情報Ⅱ」（2単位）を選択科目とすることになった。「情報Ⅰ」は，文系・理系にかかわらず，全ての高校生が学ぶべきものという位置づけで，「(1)情報社会の問題解決」，「(2)コミュニケーションと情報デザイン」，「(3)コンピュータとプログラミング」，「(4)情報通信ネットワークとデータ活用」の4つの項目からなる。

　図10-2に，文部科学省から公開されている教員研修用教材に記載されている情報Ⅰの学習目標を示す。いずれの項目においても，情報の科学的な見方・考え方が重要視されており，それらが社会や生活の中でどのように活用されているのか，また，現在ある問題を発見し，どのように情報を活用しながら解決して行くのかという活用能力を育成することが目標となっていることがわかる。

　発展的選択科目の情報Ⅱは，情報Ⅰで身に付けた基礎の上に，問題の発見・解決に向けて情報システムや多様なデータを適切かつ効果的に活用する力，コンテンツを創造する力を育む科目となっている。情報Ⅱは，「(1)情報社会の進展と情報技術」，「(2)コミュニケーションとコンテンツ」，「(3)情報とデータサイエンス」，「(4)情報システムとプログラミング」，「(5)情報と情報技術を活用した問題発見・解決の探究」の5つの項目からなる。

　さらに，科目の構成だけではなく教科「数学」との連携も強化されている。情報Ⅰの項目(4)と情報Ⅱの項目(3)では，データの扱いについて学ぶことになるが，情報Ⅰの項目(4)では数学Ⅰと連携した統計などについて学び，情報Ⅱの項目(3)では，多様かつ大量のデータをデータサイエンスの手法により分析し解釈する内容となっている。その際に数学Bの統計の項目と連携する。このように，他教科との連携だけではなく，情報Ⅰの内容は，小学校・中学

(1)情報社会の問題解決
- 情報やメディアの特性を踏まえ，情報の科学的な見方・考え方を働かせて，情報と情報技術を活用して問題を発見・解決する学習活動を通して，問題を発見・解決する方法を身に付ける。
- 情報技術が人や社会に果たす役割と影響，情報モラルなどについて理解し，情報と情報技術を適切かつ効果的に活用して問題を発見・解決し，望ましい情報社会の構築に寄与する力を身に付ける。
- 情報社会における問題の発見・解決に情報と情報技術を適切かつ効果的に活用しようとする態度，情報モラルに配慮して情報社会に主体的に参画しようとする態度を身に付ける。

(2)コミュニケーションと情報デザイン
- 目的や状況に応じて受け手にわかりやすく情報を伝える活動を通じて，情報の科学的な見方・考え方を働かせることで，メディアの特性やコミュニケーション手段の特徴について科学的に理解できるようにする。
- 効果的なコミュニケーションを行うために，情報デザインの考え方や方法を身に付ける。
- コンテンツを表現し，評価し改善する力を身に付ける。
- 情報と情報技術を活用して効果的なコミュニケーションを行う態度を身に付ける。

(3)コンピュータとプログラミング
- 問題解決にコンピュータや外部装置を活用する活動を通して情報の科学的な見方・考え方を働かせて，コンピュータの仕組みとコンピュータでの情報の内部表現，計算に関する限界などについて理解させる方法を身に付ける。
- アルゴリズムを表現しプログラミングによってコンピュータや情報通信ネットワークの機能を使う方法や技能，生活の中で使われているプログラムを見いだして改善しようとすることなどを通じて情報社会に主体的に参画しようとする態度を育成する方法を身に付ける。
- モデル化やシミュレーションの考え方を様々な場面で活用できるようにするために，問題発見や解決に役立て，問題の適切な解決方法を考える力を育成する方法を身に付ける。

(4)情報通信ネットワークとデータ活用
- 情報通信ネットワークや情報システムにより提供されるサービスを活用する活動を通して情報の科学的な見方・考え方を働かせて，情報通信ネットワークや情報システムの仕組みを理解する。
- データを蓄積，管理，提供する方法，データを収集，整理，分析する方法，情報セキュリティを確保する方法を身に付けるようにし，目的に応じて情報通信ネットワークや情報システムにより提供されるサービスを安全かつ効率的に活用する力やデータを問題の発見・解決に活用する力を身に付ける。
- 情報技術を適切かつ効果的に活用しようとする態度，データを多面的に精査しようとする態度，情報セキュリティなどに配慮して情報社会に主体的に参画しようとする態度を身に付ける。

図10-2．　情報Ⅰの項目とその学習目標（文部科学省, 2019）

校から積み上げていく設計にもなっている。これまでも，中学校技術・家庭科（技術分野）において，情報に関する基礎的な内容を学ぶことが必修化されてきているが，それに加え，平成29年（2017年）告示の学習指導要領の実

施により，小学校では令和 2 年度（2020年度）よりプログラミング教育が必修化され，中学校では令和 3 年度（2021年度）よりこれまでの計測・制御に加えて，「ネットワークを利用した双方向性のあるプログラミング」などについても学ぶことになっている。

　このように，新学習指導要領の「プログラミング」をはじめ「情報デザイン」，「統計」に関連した学びについては，高等学校で突然に学習する内容として出てくるのではなく，小学校，中学校，高等学校と学習を積み上げていくカリキュラムになっている。つまり，教科「情報」は，小中高の縦の連携に加え，高等学校の他の科目との横の連携も図ることで，効果的に学ぶ設計が既になされている。

　一方，高等学校における学習環境の課題として，情報科教員の問題が指摘されている（中山他，2017）。朝日新聞の令和 4 年（2022年） 9 月 3 日「高校の情報科教員15％が免許なし」の記事では，令和 4 年（2022年） 6 月〜 7 月に朝日新聞社が65の教育委員会に行った調査により，情報科を教える教員計5,501人のうち，15.2％の835人が情報科の「免許を持っていない『免許外教科担任』」や「『臨時免許状』しか持たない教員」だったことが示された（朝日新聞，2022）。この問題に対しては，文部科学省も実態を把握しており，平成28年（2016年） 3 月に各都道府県教育委員会及び高等学校を置く各指定都市教育委員会宛に，「高等学校情報科担当教員への高等学校教諭免許状『情報』保有者の配置の促進について（依頼）」文書を通知し，改善を要請している（文部科学省，2016）。さらに，令和 3 年（2021年） 3 月に文部科学省は各都道府県及び各指定都市の教育委員会へ「高等学校情報科担当教員の専門性向上及び採用・配置の促進について（通知）」を通知している（文部科学省，2021a）。この文書では，情報科担当教員5,072人中，情報免許状を保有していない臨時免許状，免許外教科担任が23.9％の1,210人であること，情報免許状を保有しているにもかかわらず，情報科を担当していない教員が6,064人いることを資料として添付した上で，免許状を有する者の採用・配置の促進を依頼している。つまり，情報免許状を保有している人材が不足しているわけではなく，採用や教員の配置の問題がそこにはあるということである。

　また，文部科学省は，情報科担当教員への支援の一つとして，Web サイ

ト「高等学校情報科に関する特設ページ」を開設し，教員研修用教材だけではなく，学習動画や実践事例も提供している（文部科学省，2022a）。その他，情報に係る高い専門性を有する外部人材を活用することを想定し，「情報関係人材の活用推進に向けた指導モデル及び研修カリキュラムの手引き」を令和3年（2021年）に公開している（文部科学省，2021b）。ここでいう「外部人材」とは，ICTにおける専門的な知識等を有する教職員以外の人材（民間人材，地域人材［元IT技術者，元教員等］，学生等）を指す。もちろん，教員不足や免許外教科担任などを理由として「情報Ⅰ」の指導に必要とされる専門性を十分に担保できない穴埋めとして一時的に外部人材を登用することは問題解決の方法の一つではあるが，本質的な問題解決にはならない。高等学校情報科担当教員として高等学校教諭免許状「情報」保有者を適切に配置し，全高校生が教科「情報」の免許を持った専門性と指導力のある教員による指導を受けられるような整備が早急に求められる。これは，当事者である受験生が不利益を被らないようにするためにも重要な問題である。

この問題に対して文部科学省はさらに，令和4年（2022年）10月に改善計画の提出要請や指導を各都道府県及び各指定都市の教育委員会に行った（文部科学省，2022b）。その結果，令和4年（2022年）11月8日に文部科学省初等中等教育局学校デジタル化PTより公表された「高等学校情報科担当教員の配置状況及び指導体制の充実に向けて」によると，各教育委員会から10月末までに提出された計画が実現すると，「免許外」，「臨時免許状」の教員の合計が令和5年（2023年）4月には80人に，令和6年度（2024年度）には0人になる見込みである（文部科学省初等中等教育局学校デジタル化PT，2022）。これにより懸念が示されていた情報科教員の問題も解決される見通しである。

第3節　大学入学共通テストにおける情報入試の流れ

ここまで，高等学校における教科「情報」の変遷や教育における課題について述べてきたが，これまでどのように大学入試科目としての情報入試が位置づけられてきたのだろうか。

教科「情報」が高等学校に導入する以前の平成9年（1997年）から，大学入試センターは，数学②の選択科目として工業高等学校・商業高等学校などの職業教育を主とする専門学科の生徒などに向けて「情報関係基礎」を設置している。情報関係基礎は，令和4年度（2022年度）現在，第1問〜第4問で構成されており，第1・2問が必答，第3問もしくは第4問から1問を選択することになっている。第1問には，コンピュータや情報に関する基本的な事項を問う問題が，第2問には論理的思考力を問う問題が配置されている。選択問題の第3問は，プログラミングによる問題解決能力を問う問題で，プログラムの記述には共通テスト手順記述標準言語（DNCL）が用いられている。DNCLは，平成10年度（1998年度）の大学入試センター試験から導入されている独自の言語で，特定のプログラミング言語に依存しないよう日本語キーワードを利用することで前提知識がなくても問題を解答できるようになっている。もう一方の選択問題である第4問は，表計算による問題解決能力を問う問題となっている。これまで実施された情報関係基礎の問題については，情報処理学会情報入試委員会が，大学入試センターの許諾を得て，「情報関係基礎アーカイブ」を Web 公開している（情報処理学会情報入試委員会, 2021）。これらの問題を見ると，単純な知識問題のみだけではなく，現在の大学入学共通テストが重視している思考力を問う問題になっていることがわかり，この25年の間に，大学入試センターが教科「情報」の試験の作問に対して，基礎的なノウハウを蓄積してきていることがうかがわれる。

このように一部の専門学科の生徒に向けた科目ではなく，全高校生に向けた科目としての検討は，平成15年（2003年）の教科「情報」の設置に先立って平成13年（2001年）頃から大学入試センターで検討されてきた。しかし，普通教科・情報については，「高等学校における教育の実態等を十分に踏まえる必要があるため，出題の可能性について引き続き検討することとし，平成18年度から当分の間は出題の対象としない」ことを大学入試センターが決定した。その背景として選択必修科目であったこと，高等学校での採択が多かった「情報A」が実習を重視していたことなどがあったという（情報処理学会, 2011）。さらに，文部科学省の平成18年（2006年）の調査により，履修漏れの問題が指摘されている。この調査によれば，情報科では247校で必履修科目の不足が発生しており，その多くが「進学校」で起き，その時間は

受験対策の科目に振り替えられていた（澤田，2008）。つまり，平成15年度（2003年度）学習指導要領改訂の重点であった情報科が，高等学校の一部の教育現場で軽視されていたことが明らかになった出来事と言えるであろう。

　一方，大学の個別学力試験における情報入試は，教科「情報」を履修した生徒が初めて大学に入学する平成18年度（2006年度）入試で，国立大学では東京農工大学，愛知教育大学が導入し，私立大学でも帝京大学など17大学23学部が導入していた（赤澤，2020）。また，平成20年（2008年）に告示，平成25年（2013年）より実施された高等学校の学習指導要領の下では，平成24年（2012年）に平成28年度（2016年度）入試から慶応義塾大学環境情報学部と総合政策学部で情報入試を行うことが発表され，平成25年度（2013年度）入試では明治大学で，平成27年度（2015年度）入試では駒澤大学で情報入試が始められた。

　このような状況の中，平成30年（2018年）6月に閣議決定された「未来投資戦略2018」では，「義務教育修了段階での高い理数能力を，文系・理系問わず，大学入学以降も伸ばしていけるよう，大学入学共通テストにおいて，国語，数学，英語のような基礎的な科目として必履修科目『情報Ⅰ』（コンピュータの仕組み，プログラミング等）を追加するとともに，文系も含めて全ての大学生が一般教養として数理・データサイエンスを履修できるよう，標準的なカリキュラムや教材の作成・普及を進める」ことが決められた（内閣官房，2018）。この決定から現在までの情報入試に関する流れを表10-1に示す。

　令和2年（2020年）7月に閣議決定された「統合イノベーション戦略2020」では，「大学入学共通テストに『情報Ⅰ』を2024年度より出題することについて検討し，2021年度中に結論を得ること等も見据え，高等学校における専門教員の養成や外部人材等の活用を含めた質の高い教員の確保等の全国的な支援方策を早急に検討し，実施する」ことが示された（内閣府，2020）。この決定を受け，大学入試センターは，平成30年（2018年）告示の学習指導要領に対応した大学入学共通テストの出題科目について，「情報」を含む7教科21科目に再編成する検討中案を令和2年（2020年）10月20日に大学等や高等学校の関係団体に公開し，「『情報』試作問題（検討用イメージ）」（大学入試センター，2020a）と合わせて意見を求めた。これに対し，諸

2018年6月	「未来投資戦略2018」にて，大学入学共通テストの試験科目に「情報Ⅰ」を入れる方針が示される
2020年8月	「統合イノベーション戦略2020」にて，2024年度実施の大学入学共通テストの試験科目に「情報Ⅰ」を出題すること及び教員養成について示される
2020年10月20日	文部科学省が，「平成30年告示高等学校学習指導要領に対応した大学入学共通テストの出題教科・科目等の検討状況について」を発表
2020年11月10日	大学入試センターより関係団体に対し，「『情報』試作問題（検討用イメージ）」が示され，意見が求められる
2021年1月	大学入学共通テストがスタート
2021年3月24日	大学入試センターが2025年に実施する大学入学共通テストの教科・科目の再編案において，「情報」を導入する方針を公表し，サンプル問題も公開
2021年7月30日	文部科学省が，2025年の大学入学共通テストから「情報」を出題教科とすることを決定
2021年9月29日	文部科学省が「情報Ⅰ」を独立した時間帯に60分で行うこと，旧学習指導要領に対応した経過措置を2025年の大学入学共通テストで実施することを発表
2022年1月	国立大学協会が，全ての国立大学が大学入学共通テストにおいて「情報」を加えた6教科8科目を課すことを公表
2022年9月1日	大学入試センターが，「情報」の出題方法について，「情報Ⅰ」とは別に，旧学習指導要領に対応した「旧情報（仮）」を出題し，得点調整を行うことを公表
2022年11月9日	大学入試センターが，「情報Ⅰ」，「旧情報（仮）」の試作問題を公表

団体からの意見が寄せられ，その意見を踏まえ，大学入試センター（2021a）は令和3年（2021年）3月24日に，令和7年度（2025年度）大学入学共通テストからの教科・科目の再編案において，「情報」を新たに導入し，国語や数学などと並ぶ基礎教科とする方針を公表した。文部科学省は令和3年（2021年）7月30日に，「2025年の大学入学共通テストから『情報』を出題教科として，『情報Ⅰ』をその科目とする」ことを発表し（文部科学省，2021c），

令和3年（2021年）9月29日には、「情報Ⅰ」を独立した時間帯に60分で行うこと、令和7年度（2025年度）の大学入学共通テストでは既卒者のため、旧学習指導要領（「社会と情報」または「情報の科学」の選択必履修）に対応した経過措置問題を出題することを発表した（文部科学省, 2021d）。

　大学入試においては、大学入学共通テスト及び個別学力試験において課す教科・科目を変更する場合には、2年程度前に予告する必要がある「2年前予告ルール」がある。そのため、令和4年（2022年）1月には国立大学協会から、令和6年度（2024年度）以降に実施する入学者選抜制度では、すべての国立大学が大学入学共通テストにおいて「情報」を加えた6教科8科目を課すことが発表された（国立大学協会, 2022）。その後、各大学においても、大学入学共通テストにおいて「情報」をどのように扱うのかについての発表がなされ始めている。

　これらの発表に対し、「情報」を大学入学共通テストに導入することに対して、適切な能力が判断できるのかという懸念の声もあがっている。さらに、情報の試験がCBT（Computer Based Testing）ではなく、PBT（Paper Based Testing）で実施されることにより「暗記科目になるのではないか」という声も聞こえる。これらについては、大学入学共通テストの問題作成方針（大学入試センター, 2020b）では、以下の2点が示されており、知識のみを問う暗記問題が出題されることは考えにくい。

・知識の理解の質を問う問題や、思考力、判断力、表現力を発揮して解くことが求められる問題を重視する
・授業において生徒が学習する場面や、社会生活や日常生活の中から課題を発見し解決方法を構想する場面、資料やデータ等を基に考察する場面など、学習の過程を意識した問題の場面設定を重視する

　さらに、大学入試センターの水野修治氏もこの問題作成方針を基に作問がなされていることを示した上で、PBTであっても情報に関する深い知識や思考力、判断力、表現力を測ることができる試験を目指しており、懸念されることはないことを表明している（稲葉, 2022）。

第4節　情報入試の出題

　令和7年度（2025年度）大学入学共通テストから始まる情報入試ではどのような問題が出題されるのであろうか。表10-1にも示されているように，令和2年（2020年）11月に大学等や高等学校の関係団体に対して，「『情報』試作問題（検討用イメージ）」として公表されている（大学入試センター，2020a）。さらに，令和3年（2021年）3月には，令和7年度（2025年度）大学入学共通テストに教科「情報」を導入する方針を公表するとともにサンプル問題が発表されている（大学入試センター，2021b）。こちらについては，具体的なイメージを共有するために平成30年（2018年）告示高等学校学習指導要領「情報Ⅰ」に基づいて作成・公表されたものであること，大学入試センター試験や大学入学共通テストと同様の問題作成や点検プロセスを経たものではないことが注意事項として記されている。注目する点としては，「情報Ⅰ」の新しい内容となっている「情報デザイン」と「データの活用」の問題であろう。サンプル問題では，情報デザインについては，第1問の問2で，学習成果発表会を題材に，発表で用いる最適な図の構成を問う問題が示された。データ活用については第3問で，サッカーのワールドカップに関するデータを用いて，項目の関係性の有無の判別やデータの傾向を見出す力を問う問題が示されている（水野，2021）。これらの問題からも，大学入学共通テストの方針である「知識の理解の質を問う問題や，思考力，判断力，表現力等を発揮して解くことが求められる問題」となっており，特定の知識を問うのではなく，総合的な問題解決力を問う問題が多くなることが予想される。

　さらに，令和4年（2022年）11月9日には「情報Ⅰ」と旧学習指導要領の受験生に対する経過措置科目「旧情報（仮）」の試作問題（配点付き）が公表された（大学入試センター，2022）。この「情報Ⅰ」の試作問題に対して，河合塾（2022）は「新学習指導要領の4つの領域からまんべんなく出題された」，「社会で活用されている情報の知識・技術を身の回りの事例と絡ませ，問題の発見・解決に向けた探究的な活動の過程に沿って考察する問題が出題されている」，「用語・知識のみを問う問題は少なく，深い理解を伴った知識の質を問う問題や，問題文や図・表で与えられた情報やデータと『情報Ⅰ』

で学ぶ知識・技術を組み合わせながら考察させる問題が多い」と評している。これらの見解は，代々木ゼミナール（2022）や旺文社教育情報センター（2022）の講評も同様である。特に，旺文社教育情報センターの講評は，現役の高校教員3名により行われており，好意的に受け止められた様子が推察される。その中で「『情報I』の授業を通して，生徒に思考・判断・表現を伴うさまざまな学習活動を経験できるような授業をすることが，情報科として育成する資質・能力を伸ばすとともに共通テストの受験対策にもなり，さらにその先の大学での学びにつながると考える」と述べられている。これは，まさに，特定の知識を問うのではなく，総合的な問題解決能力が「情報I」には求められており，それが高等学校までに必要な力ではなく，その後の大学での学びにも必要であることが示唆されているといえる。この試作問題については，大学1・2年生を対象としたモニター調査を実施することが発表されている。このモニター調査より，テストとしての性能を検討されることが想定されるが，その結果を踏まえ問題の妥当性についても議論され，令和7年度（2025年度）以降の共通テストの作問等でも活かされることを期待したい。

　また，これまで大学入試センターが実施する大学入学共通テストにおける情報入試について述べてきたが，平成31年（2019年）の総合科学技術・イノベーション会議のAI戦略（人材育成関連）では，「入試やカリキュラムに積極的にAI科目を導入する大学を運営費公金や私学助成金を活用したインセンティブ措置により支援する制度を整える」と述べられている（首相官邸, 2019）ことから，大学の個別学力試験でも情報入試を導入する大学が増えることが想定される。赤澤（2020）は，平成28年度（2016年度）入試における慶応義塾大学総合政策学部・環境情報学部，明治大学コミュニケーション学部の一般入試，京都産業大学AO入試の3大学の入試問題の分析を行っている。その結果，教科「情報」（平成28年度［2016年度］当時の学習指導要領によるため，「社会と情報」，「情報の科学」の範囲）の内容を網羅する出題となっていること，知識だけではなく，論理的思考力や批判的思考力を問う問題が出題されていることを示した。このような状況からも，前節で示した「暗記科目になるのではないか」という懸念に対しては，心配する必要はないであろう。

第 5 節　まとめ

　本章では，教科「情報」の変遷と情報入試について論じてきた。我が国では，平成15年度（2003年度）から高等学校に教科「情報」が導入され，情報教育が行われてきた。しかし，履修漏れ問題や約20年を経た令和 4 年度（2022年度）現在においても教員不足などが指摘されている。一方で，社会は変化している。高度な情報技術の進展により，情報通信デバイスが普及し，子どもを取り巻く環境が大きく変化してきた。さらに，データを活用した問題解決能力を身に付ける必要性が増大してきたとともに，IT人材の育成が急務となっている。つまり，近世末期以降，初等教育で獲得させる基礎的な能力として「読み・書き・そろばん」と言われてきたが，これから21世紀を生きる子どもにとって，情報をいかに使いこなし，活用していくかという能力は同様に，初等中等教育で獲得させる基礎的な能力になっているのではないだろうか。ATC21s（Assessment and Teaching of 21st Century Skills）が提唱した21世紀型スキルにおいても，仕事のツールとしての情報リテラシーや情報通信技術に関するリテラシーが挙げられている（Griffin, McGaw, & Care, 2012, 三宅監訳 益川・望月編訳 2014）。

　また，情報教育を充実させることと，大学入試に「情報」を導入することは同列に考えるべきではないという意見もある。萩谷（2007）は「大学入試の科目になっていない教科がいかに軽視されるか，ということだろう。大学入試の科目として認知されて初めて学問としても認知される，と言っても過言ではない」と述べている。これは，子どもたちが今後生きていく上で必要となる学習内容を，充実した学びとするためには，入試科目に入れざるを得ないという意見ともとれる。しかし，大学入試の主体は大学である。大学入試の方法については，アドミッション・ポリシーに基づき決定するべきという考え方もある。そういう意味でも，大学の教育理念，目的，特色等に応じて受験生に求める能力や適性等を議論する際に，これまで「英語」や「数学」などの入試科目が議論され選択されてきたように，「情報」についても同様に，俯瞰的な立場で検討いただきたい。本稿がそれを考える一助になると幸いである。

　最後に，情報入試を経験した後，どのように大学における情報教育につながっていくのかという点についても触れたい。先に示した「AI戦略2019」（統合イノベーション戦略推進会議決定，2019）では，大学における情報教育についても記載されている。「文理問わず，全ての大学・高専生（約50万人卒／年）が，課程にて初級レベルの数理・データサイエンス・AIを習得」が具体目標として掲げられており，高等学校までに，データサイエンス・AIの基礎となる理数素養や基本的情報を全ての高校生が習得されてくることを前提とし，大学の初年次教育において初級レベルのデータサイエンスやAIの教育が行われることが想定されている。さらに，「情報」という学問は，様々な学問領域において基礎的な素養として位置づけられており，メタサイエンスであることが示唆されている（萩谷，2014）。不足しているIT人材の育成だけではなく，様々な領域に携わる上でも重要な学問がまさに情報学なのではないだろうか。

　Jeannette（2006，中島訳　2015）はエッセイ"Computational Thinking"において，「計算論的思考は，コンピュータ科学者だけではなく，すべての人にとって基本的な技術である。すべての子供の分析的思考能力として『読み，書き，そろばん（算術）』のほかに計算論的思考を加えるべきである」と述べている。さらに，大学入学前の学生とその教師や親たちを含む人々に対して送るメッセージの一つとして「コンピュータ科学を専攻した学生は何を専門にしてもよい。（中略）コンピュータ科学を専攻した後に医学，法律，経営，政治，そしてあらゆる種類の科学や工学，さらには芸術の分野に進むことができる」とも述べている。これらは，まさに，情報教育が様々な分野につながるメタサイエンスであることを示しているのではないだろうか。

　令和7年度（2025年度）大学入学共通テストにおいて，多くの大学で情報の導入が広がることで，個別学力試験においても情報入試の導入を検討する大学も増えてくるだろう。今後の動向を注視していきたい。そして，情報教育が充実することにより，我が国をこれから支える人材が必要とするコンピュータ科学の学習環境が整えられることを願うばかりである。

文　献

赤澤 紀子（2020）. 大学入試における教科「情報」の出題の調査分析　電気通信大学

紀要，*32*（1），1-8.

朝日新聞（2022）．高校の情報科教員15％が免許なし　朝日新聞　9月3日朝刊．1.

大学入試センター（2020a）.「情報」試作問題（検討用イメージ）　情報処理学会　Retrieved from https://www.ipsj.or.jp/education/9faeag0000012a50-att/sanko2.pdf（2022年12月30日）

大学入試センター（2020b）. 令和3年度大学入学者選抜に係る大学入学共通テスト問題作成方針　大学入試センター　Retrieved from https://www.dnc.ac.jp/albums/abm.php?d=93&f=abm00001454.pdf&n=%E4%BB%A4%E5%92%8C%EF%BC%93%E5%B9%B4%E5%BA%A6%E5%A4%A7%E5%AD%A6%E5%85%A5%E5%AD%A6%E8%80%85%E9%81%B8%E6%8A%9C%E3%81%AB%E4%BF%82%E3%82%8B%E5%A4%A7%E5%AD%A6%E5%85%A5%E5%AD%A6%E5%85%B1%E9%80%9A%E3%83%86%E3%82%B9%E3%83%88%E5%95%8F%E9%A1%8C%E4%BD%9C%E6%88%90%E6%96%B9%E9%87%9D.pdf（2023年1月30日）

大学入試センター（2021a）. 平成30年告示高等学校学習指導要領に対応した令和7年度大学入学共通テストからの出題教科・科目について　大学入試センター　Retrieved from https://www.dnc.ac.jp/albums/abm.php?d=33&f=abm00000301.pdf&n=%E5%B9%B3%E6%88%9030%E5%B9%B4%E5%91%8A%E7%A4%BA%E9%AB%98%E7%AD%89%E5%AD%A6%E6%A0%A1%E5%AD%A6%E7%BF%92%E6%8C%87%E5%B0%8E%E8%A6%81%E9%A0%98%E3%81%AB%E5%AF%BE%E5%BF%9C%E3%81%97%E3%81%9F%E4%BB%A4%E5%92%8C%EF%BC%97%E5%B9%B4%E5%BA%A6%E5%A4%A7%E5%AD%A6%E5%85%A5%E5%AD%A6%E5%85%B1%E9%80%9A%E3%83%86%E3%82%B9%E3%83%88%E3%81%8B%E3%82%89%E3%81%AE%E5%87%BA%E9%A1%8C%E6%95%99%E7%A7%91%E3%83%BB%E7%A7%91%E7%9B%AE%E3%81%AB%E3%81%A4%E3%81%84%E3%81%A6.pdf（2022年12月30日）

大学入試センター（2021b）. 平成30年告示高等学校学習指導要領に対応した令和7年度大学入学共通テストからの出題教科・科目　情報サンプル問題　大学入試センター　Retrieved from https://www.dnc.ac.jp/albums/abm.php?d=33&f=abm00000307.pdf&n=%E3%82%B5%E3%83%B3%E3%83%97%E3%83%AB%E5%95%8F%E9%A1%8C%E3%80%8E%E6%83%85%E5%A0%B1%E3%80%8F_%E5%95%8F%E9%A1%8C.pdf（2023年1月30日）

大学入試センター（2022）. 令和7年度試験問題作成の方向性，試作問題等　大学入試センター　Retrieved from https://www.dnc.ac.jp/kyotsu/shiken_jouhou/r7ikou/r7mondai.html（2023年1月30日）

Griffin, P. E., McGaw, B., & Care, E.（Eds.）.（2012）. *Assessment and Teaching of 21st Century Skills*. Dordrecht: Springer.（グリフィン, P.・マクゴー, B.・ケア, E.（編）　三宅 なほみ（監訳）　益川 弘如・望月 俊男（編訳）（2014）. 21世紀型スキル──学びと評価の新たなかたち──　北大路書房）

萩谷 昌己（2007）. 大学入試における「情報」科目の導入へ向けて　情報教育資料，*17*, 1-6.

萩谷 昌己（2014）. 情報学を定義する──情報学分野の参照基準──　情報処理，*55*,

734-743.

稲葉 利江子（2022）．シンポジウム「大学入学テスト『情報』が目指すもの」　情報処理, *63*, 73-77.

Jeannette M. W.（2006）．Computational Thinking. *Communications of the ACM, 49*（３）, 33-35.（ジャネット, M. W.　中島 秀之（訳）（2015）．Computational Thinking 計算論的思考　情報処理, *56*, 584-587.）

情報処理学会（2011）．大学入試センター試験における教科「情報」出題の要望　情報処理学会 Retrieved from https://www.ipsj.or.jp/annai/committee/education/public_comment/kyoiku201104.html（2022年12月30日）

情報処理学会情報入試委員会（2021）．情報関係基礎アーカイブ　情報処理学会情報入試委員会 Retrieved from https://sites.google.com/a.ipsj.or.jp/ipsjjn/resources/JHK（2022年12月30日）

河合塾（2022）．＜新課程＞共通テスト 試作問題分析　大学入試センターから2022年11月に公表された問題作成の方向性や共通テスト試作問題などを分析（速報）　河合塾 Retrieved from https://www.kawai-juku.ac.jp/exam-info/research/trial/（2023年1月9日）

国立大学協会（2022）．2024年度以降の国立大学の入学者選抜制度——国立大学協会の基本方針——　国立大学協会 Retrieved from https://www.janu.jp/wp/wp-content/uploads/2022/01/20210128_news_001.pdf（2023年1月30日）

高度情報通信ネットワーク社会推進戦略本部（2013）．世界最先端 IT 国家創造宣言　首相官邸 Retrieved from https://warp.ndl.go.jp/info:ndljp/pid/12187388/www.kantei.go.jp/jp/singi/it2/kettei/pdf/20150630/siryou2.pdf（2022年12月30日）

教育再生実行会議（2015）．これからの時代に求められる資質・能力と、それを培う教育、教師の在り方について（第七次提言）　首相官邸 Retrieved from https://www.kantei.go.jp/jp/headline/kyouikusaisei2013.html#kyo12（2023年1月30日）

みずほ情報総研株式会社（2019）．平成30年度我が国におけるデータ駆動型社会に係る基盤整備（IT 人材等育成支援のための調査分析事業）IT 人材需給に関する調査 調査報告書　経済産業省 Retrieved from https://www.meti.go.jp/policy/it_policy/jinzai/houkokusyo.pdf（2022年12月30日）

水野 修治（2021）．大学入学共通テスト新科目「情報」——これまでの経緯とサンプル問題——　情報処理, *62*, 326-330.

文部科学省（2016）．高等学校情報科担当教員への高等学校教諭免許状「情報」保有者の配置の促進について（依頼）　文部科学省 Retrieved from https://www.mext.go.jp/a_menu/shotou/zyouhou/1368121.htm（2022年12月30日）

文部科学省（2019）．高等学校情報科「情報Ⅰ」教員研修用教材（本編）　文部科学省 Retrieved from https://www.mext.go.jp/a_menu/shotou/zyouhou/detail/1416756.htm（2022年12月30日）

文部科学省（2021a）．高等学校情報科担当教員の専門性向上及び採用・配置の促進について（通知）　文部科学省 Retrieved from https://www.mext.go.jp/content/000166300.pdf（2022年12月30日）

文部科学省（2021b）．情報関係人材の活用促進に向けた指導モデル及び研修カリキュ

ラムの手引き　文部科学省 Retrieved from https://www.mext.go.jp/a_menu/shotou/zyouhou/detail/mext_01835.html（2022年12月30日）

文部科学省（2021c）．令和7年度大学入学者選抜に係る大学入学共通テスト実施大綱の予告　文部科学省 Retrieved from https://www.mext.go.jp/content/20210729-mxt_daigakuc02-000005144_2.pdf（2023年1月30日）

文部科学省（2021d）．「令和7年度大学入学者選抜に係る大学入学共通テスト実施大綱の予告（補遺）」について　文部科学省 Retrieved from https://www.mext.go.jp/content/20210929-mxt_daigakuc02-000005144_1.pdf（2023年1月30日）

文部科学省（2022a）．高等学校情報科に関する特設ページ　文部科学省 Retrieved from https://www.mext.go.jp/a_menu/shotou/zyouhou/detail/1416746.htm（2022年12月30日）

文部科学省（2022b）．高等学校情報科に係る指導体制の一層の充実について（通知）文部科学省 Retrieved from https://www.mext.go.jp/content/20221124-mxt_jogai02-000021518_001.pdf（2022年12月30日）

文部科学省初等中等教育局学校デジタルPT（2022）．高等学校情報科担当教員の配置状況及び指導体制の充実に向けて　文部科学省 Retrieved from https://www.mext.go.jp/content/20221108-mxt_jogai02-100013301_001.pdf（2022年12月30日）

内閣府（2020）．統合イノベーション戦略2020　内閣府 Retrieved from https://www8.cao.go.jp/cstp/society5_0/（2023年1月30日）

内閣府（n.d.）．Society5.0　内閣府 Retrieved from https://www8.cao.go.jp/cstp/togo2020_honbun.pdf（2022年12月30日）

内閣官房（2018）．未来投資戦略2018――「Society 5.0」「データ駆動型社会」への変革――　内閣府 Retrieved from https://www.kantei.go.jp/jp/singi/keizaisaisei/pdf/miraitousi2018_zentai.pdf（2023年1月30日）

中山 泰一・中野 由章・角田 博保・久野 靖・鈴木 貢・和田 勉・萩谷 昌己・筧 捷彦（2017）．高等学校情報科における教科担任の現状　情報処理学会論文誌 教育とコンピュータ，3（2），41-51.

旺文社教育情報センター（2022）．新課程共通テスト「情報I」試作問題を解説！――情報科のフロントランナー3人の先生による問題講評！――　旺文社教育情報センター Retrieved from https://eic.obunsha.co.jp/pdf/exam_info/2022/1121_1.pdf（2022年12月30日）

澤田 大祐（2008）．高等学校における情報科の現状と課題　調査と情報――Issue Brief――，No.604.

首相官邸（2019）．平成31年4月18日 総合科学技術・イノベーション会議　首相官邸 Retrieved from https://www.kantei.go.jp/jp/98_abe/actions/201904/18kagaku.html（2023年2月21日）

統合イノベーション戦略推進会議決定（2019）．AI戦略2019――人・産業・地域・政府全てにAI――【「教育の情報化に関する手引」作成検討会 関連箇所抜粋】　文部科学省 Retrieved from https://www.mext.go.jp/b_menu/shingi/chousa/shotou/056_01/shiryo/attach/__icsFiles/afieldfile/2019/08/30/1420734_002.pdf（2022年12月30日）

代々木ゼミナール（2022）．令和7年度大学入学共通テスト試作問題分析 情報Ｉ 代々木ゼミナール Retrieved from https://www.yozemi.ac.jp/nyushi/bunseki/bunseki_joho1.html（2022年12月30日）

終　章

教育行政と教育現場の「対話」に向けて

倉元　直樹

　序章で述べられているように，本書は「第36回東北大学高等教育フォーラ
ム　新時代の大学教育を考える［19］　大学入試政策を問う——教育行政と
教育現場の「対話」——（以下，フォーラムと表記する）」を基に構想され
た。本章のタイトルはこの副題から採った。本書を閉じるにあたり，本書の
テーマとも密接につながる「教育行政と教育現場の『対話』」を選んでシン
ポジウムを実施した意図について説明しておきたい。

　教育行政と教育現場はなかなか蜜月状態とはならず，常に緊張状態にある。
かつては「文部省 vs. 日教組」といった分りやすい組織的対立構造があった
が，現在はそれが後景に退き，複雑な様相を呈している。異なる立場の者同
士がなれ合いにならずに健全な緊張関係を保つことは必要だが，高大接続改
革はその始まりから転換点に至るまでのプロセスにおいて，様々なステーク
ホルダーに必要以上の対立の構図と抜き差しならない分断をもたらした。本
書のタイトルを「再考　大学入試改革の論理」としたのは，その作業によっ
て深まった溝を埋め，断たれた関係性を修復する道筋を示したいと考えたか
らである。

　高校教育現場との緊張関係にあるステークホルダーは他にもあるが，前面
に立たされたのが教育行政だったのではないだろうか。本書の監修者でもあ
る筆者は，常々その構図が不健全であり，生産的ではないと感じていた。そ
こで，かなりの蛮勇を振って，まずは，高校，大学，教育行政の関係者が同
一の場に集い，公開の場で意見交換を行う機会を設定したいと考えた。それ
が今回のフォーラムということになる。

　鍵となったのは教育行政側で参加する登壇者の人選である。その点に関し
ては，第７章における筆者の発言で若干触れたが，はっきりとは記述されて
いない。フォーラムに最初の基調講演者として登壇した浅田和伸氏（国立教

育政策研究所［当時］，現在は長崎県立大学学長）は，主として行政の立場に身を置きながら，一度，そこを飛び出し，公立中学校の校長に身を転じた異例の経歴を持つ。登壇時には国立教育政策研究所長という教育研究者の組織を束ねる立場にあった。高大接続改革が進行していた時期には，実質的な政策決定の機能を持たない大学入試センターという執行機関の理事として，現場の最前線で行政とも対峙しながら調整役を務めていた。行政，現場，そして，研究の全てに触れた経験があり，その経験を適切に伝えることができる人物として，他に思い浮かぶ候補者はいなかった。本書への寄稿は叶わなかったが，不毛な「対立」ではなく建設的な「対話」に導く道筋づくりは，浅田氏が行政の立場から協力してくれなければ見えなかっただろう。万難を排して協力してくださったことに，この場を借りて心から感謝申し上げる。

　本書を通じて改めて気付かされたことは，対立に転化する可能性がある分断や緊張関係は，教育行政と教育現場というざっくりとした大雑把なくくりだけに存在するのではないことである。例えば，大学入試を巡る意思決定主体について，第6章の宮本久也氏と筆者の考え方には相当な乖離がある。高校と大学の緊張関係の一例とまとめても良いかもしれない。大学入試の主体が個別大学にあるということは，日本国憲法に保障された「学問の自由」に基づく極めて重要な根本理念である，という認識が筆者の信念を形作っている。常々，それを強調してきたのは，時折，それが侵食されそうな脅威を感じるからでもある。もちろん，権限に責任が伴うのは当然のことで，大学が好き勝手に入試を行って良いわけではない。高等学校との緊張関係を解きほぐす対話の場を設定すべき責任は大学にある，というのが第7章で述べた筆者の見解である。

　高校教育の現場の中にあっても，信念が異なる教員間に対立に近い分断が存在していることは，第5章の延沢恵理子氏の論考で露わとなった。現場の教員のミッションは目の前の生徒を支援することであり，そこで見える視野は限られる。同じものを見ていても，置かれた立場やそれまでの経験，元々持っている考え方によって引き裂かれるのは，その先に見えている将来ビジョンが違うからであろう。現場の状況を顧みずに降ってくる行政的な要請の責任は大きいが，最初から互いに身構えてしまうのもどうだろうか。緊張関係をほぐし，対話に導くには俯瞰した視野が必要となる。いったん視点を

移して教育行政の立場からものを考えてみれば，新たに見えてくる光もある
かもしれないが，日常に追われる現場の先生に行政官や大学の教育研究者と
同じ視野で物事を見渡すことを求めるのは酷な要求である。なお，第4章に
おける筆者の意図は教育行政批判ではない。読み返して，さらに筆者自身の
立場を顧みると首筋が寒い思いがするが，外側の環境によって関係者間に分
断や緊張関係が生み出されるメカニズムを明らかにしておきたかった。その
行く末が見えてきた以上，そのまま放置するわけにはいかない。なお，読み
方によっては，第1章からも類似したメッセージが読み取れるかもしれない。

　第1部から第3部までの全体を読み通していただくと，緊張関係の焦点が
いわゆる高大接続改革から大学入学共通テストへと変化していることが分か
る。とりわけ「情報Ⅰ」の導入が現在のコンフリクトの中心にある。それは，
残念ながら現時点で「大学入試改革の論理」が転換したようには見えないか
らだ。実は，教育行政と教育現場の関係性に対して大きな作用を及ぼしてい
るにもかかわらず，本書では十分に触れられなかった重要なステークホル
ダーが存在する。教育研究者と教育をビジネスの対象とする民間産業である。
解決の糸口を探る中で，これまでの「大学入試改革の論理」に彼らが果たし
てきた役割を解き明かすべき時期も訪れるに違いない。

　最後にあえて触れておきたい。第3章は，もう一度，大学入試を含む教育
の営みが誰のものかを気付かせてもらう契機となるのではないだろうか。人
生にとって大事な転換点である大学受験を対立の構図の中で迎えざるを得な
かった若者たちとの対話である。彼らが経験した試練が歴史の中に埋もれて
しまわぬように，せめて未来を明るい方へと変える契機となってもらいたい。
そのためには，何をどのように解き明かして，表現して，当事者であった彼
らに伝えればよいのだろうか。改めて考えさせられる論考となっている。

初出一覧 （再録のみ）

第 9 章　倉元 直樹・宮本 友弘・久保 沙織・長濱 裕幸（2023）．新学習指導
　　　　要領の下での大学入試——高校調査から見えてきた課題——　大学
　　　　入試研究ジャーナル，*33*，26-32．

執筆者紹介

久保沙織　　（編　者）　　　　　　　　　　　　　　　　　序章・第9章

立石慎治　　（筑波大学教学マネジメント室助教）　　　　　第1章

村上　隆　　（中京大学文化科学研究所特任研究員）　　　　第2章

南風原朝和　（東京大学名誉教授／広尾学園中学校・高等学校校長）第3章

倉元直樹　　（監修者）　　　　　　　　　　第4章・第9章・終章

延沢恵理子　（山形県立東桜学館中学校・高等学校教諭）　　第5章

宮本久也　　（東京都立八王子東高等学校校長）　　　　　　第6章

※第7章　討議

　　司　　会：宮本友弘　　（東北大学高度教養教育・学生支援機構教授）

　　　　　　　　阿部和久　　（東北大学高度教養教育・学生支援機構特任教授）

板倉孝信　　（東京都立大学大学教育センター准教授）　　　第8章

宮本友弘　　（東北大学高度教養教育・学生支援機構教授）　第9章

長濱裕幸　　（東北大学大学院理学研究科／東北大学高度教養教育・

　　　　　　　学生支援機構入試センター長）　　　　　　　第9章

稲葉利江子　（津田塾大学学芸学部情報科学科教授）　　　　第10章

●監修者紹介

倉元直樹

東北大学高度教養教育・学生支援機構教授。東京大学大学院教育学研究科教育心理学専攻（教育情報科学専修）第1種博士課程単位取得満期退学。博士（教育学）。大学入試センター研究開発部助手を経て，1999年より東北大学アドミッションセンター助教授（組織改編により現所属）。東北大学大学院教育学研究科協力講座教員を兼務。専門は教育心理学（教育測定論，大学入試）。日本テスト学会理事。全国大学入学者選抜研究連絡協議会企画委員会委員。

●編者紹介

久保沙織

東北大学高度教養教育・学生支援機構准教授。早稲田大学大学院文学研究科人文科学専攻博士後期課程単位取得退学。博士（文学）。早稲田大学教育・総合科学学術院助手，同大学グローバール・エデュケーションセンター助教，東京女子医科大学医学部助教を経て，2020年より現職。専門は心理統計学。日本教育心理学会機関誌「教育心理学研究」編集委員。

本書は JSPS 科研費 JP21H04409の助成を受けて出版したものです。

東北大学大学入試研究シリーズ

再考　大学入試改革の論理

2023年5月31日　初版第1刷発行　　　　　　　　　　　　　　　　　［検印省略］

監修者		倉 元 直 樹
編 者		久 保 沙 織
発行者		金 子 紀 子
発行所	株式会社	金 子 書 房

〒112-0012　東京都文京区大塚 3 - 3 - 7
TEL 03-3941-0111㈹
FAX 03-3941-0163
振替 00180- 9 -103376
URL https://www.kanekoshobo.co.jp

印刷・製本／藤原印刷株式会社